PARIS INGÉNU

PAUL ARÈNE

———

PARIS INGÉNU

———

PARIS

G. CHARPENTIER, ÉDITEUR

13, RUE DE GRENELLE-SAINT-GERMAIN, 13

—

1882

Tous droits réservés.

LA CAMPAGNE A PARIS.

I

Un brave vieux venu de province pour l'Exposition et à qui des amis demandaient : « Voyons ! quelle chose vous étonne ? » répondit sans hésitation : « C'est qu'à Paris il y a plus d'arbres qu'à la campagne ! » On pourrait presque soutenir qu'il y a aussi plus de paysans.

Les trois quarts au moins de ceux que nous appelons Parisiens sont des paysans mal déracinés. Ils gardent après eux, comme une plante à son chevelu, un peu de la terre maternelle. Ils l'aiment sans savoir pourquoi ; ils la désirent et la regrettent ; car deux ni quatre générations ne suffisent pas toujours à modifier le pli de la race.

A Paris, dans l'intérieur des fortifications, la terre, la nature manquent ; et comme notre amour n'en persiste pas moins, chacun les remplace

1

comme il peut. Quel prix prend ici la moindre chose rappelant l'idéal rustique ! Une mousse sur une crête de mur, avec une graine d'aventure germée dans son velours humide, jette chaque matin quelqu'un que je connais dans des extases toujours nouvelles. Tel autre ne changerait point sa chambrette en mansarde pour un premier étage de palais, uniquement à cause de ceci, que de la fenêtre il aperçoit par les temps clairs, au delà d'une mer de toits, la cime de l'ormeau des sourds-muets, qui est, comme on sait, le plus bel arbre de Paris et peut-être même de la banlieue.

Ceux-là sont heureux, après tout ! Ils enguirlandent leurs balcons, ils ont des fleurs et les cultivent ; et le pire mal qui puisse leur arriver c'est un procès-verbal pour arrosage immodéré changeant la façade en cascade, ou pots tombant comme des aérolithes sur la tête innocente du passant.

Ceux à qui un revenu suffisant et des occupations relativement clémentes le permettent, louent pour la saison, dans la banlieue, une maisonnette qu'entoure un petit jardin égayé de grands tournesols. D'autres, plus serrés par les nécessités quotidiennes de l'existence, se contentent d'un carré de potager à Montrouge. La chose coûte cinquante francs par an. Prisonniers toute la semaine au fond d'un bureau ou d'une boutique, ils viennent là, le dimanche, en famille ; ils piochent, ils sarclent, ils taillent ;

ils se figurent être à la campagne, sans avoir à
payer le chemin de fer.

Mais tout le monde n'est pas riche, tout le
monde ne peut pas s'offrir un jardin ! De là tant
de flâneurs qui s'en vont, le regard au sol et les
bras ballants, le long des quais quand les bourgeons pointent aux peupliers, le long des fortifications quand les coquelicots y éclatent ; tant
de contemplateurs que l'on voit, immobiles pendant des heures, devant le terrain vague où,
parmi les plâtras et les tessons, quelques florai-
sons de hasard, les graines que le vent apporte
ont improvisé un coin de nature en raccourci.

Dans les jardins du noble faubourg ouverts
et saccagés pour le passage du boulevard neuf,
un vieil arbre abattu, qui saigne sous la hache,
fait rêver de forêts profondes, de soleil filtrant
à travers les feuilles et semant de sequins d'or
l'humide velours où le pied s'enfonce. Une plate-
bande remuée, avec sa forte odeur de terre, une
pelouse qu'on fauche, avec son herbe râtelée
par petits tas et qui sèche en sentant bon, évoquent soudain la vision de plaines immenses, de
grands labours, d'un horizon de prairies. Et
quelle surprise toujours nouvelle, la figure collée
aux grilles, de constater le travail de conquête
que fait la végétation depuis dix ans dans les
ruines de la cour des comptes : les marronniers,
les platanes dont le tronc vivace disjoint et sou-
lève les marches de pierre des perrons, les vio-
liers jaunes pendant aux corniches, et l'innom-

brable tribu des graminées qui déjà cherche et trouve vie dans la couche d'humus lentement formée par la mousse et les lichens qui se superposent sur les dalles !

Heureux les paysans de Paris ! Ces âmes privilégiées ont des bonheurs que le vulgaire ignore. Ne les raillez pas ; respectez même l'agriculteur en chambre qui, sur l'appui de sa fenêtre, essaye naïvement de faire tenir le grand Pan dans un petit pot.

II

C'est au Luxembourg, dans la nouvelle Pépinière, qu'il faut voir tout ce brave monde-là, le 1ᵉʳ et le 2 avril, jours où commencent les leçons pratiques. Elles ont lieu vers les dix heures ; il fait alors frais sous les arbres, l'air du matin embaume, et rien, comme préparation au déjeuner, ne vaut cette instructive promenade. L'auditoire varie peu : de bons bourgeois ; quelques étudiants, futurs médecins ou futurs notaires, rêvant par avance les bonheurs de la province et le verger qu'ils cultiveront entre deux actes ou deux visites ; quelques femmes et jeunes filles ; assez souvent un homme en blouse et en sabots, pépiniériste du voisinage, dévoré d'ambition et qui veut s'instruire ; toujours un prêtre.

Donc ce 1ᵉʳ avril, comme tous les ans, je n'ai pas craint de me joindre à la troupe empressée qui escortait dans les allées M. Jolibois, professeur d'arboriculture. M. Jolibois s'est arrêté au milieu d'un fruitier régulièrement planté d'arbres de formes bizarres, imitant des éventails, des vases Médicis, des coupes, des quenouilles et des parapluies. Aimable, le sécateur en main, il expliquait les secrets du pincement, de l'éborgnage et de la greffe, s'interrompant parfois pour arracher un faux bourgeon d'un coup d'ongle, redresser avec précaution un jet en train de tourner mal, ou trancher d'un coup sec une pousse gourmande. Une partie des auditeurs l'avait suivi dans l'intérieur du fruitier ; les autres, piétinant un peu les pelouses sous l'œil tolérant des gardiens, suivaient ses paroles et ses gestes à travers l'espalier en claire-voie ; et le poirier devant lequel se faisait la démonstration, tout grand ouvert avec ses branches étalées comme deux pages où les fleurs auraient formé des lettres blanches, avait un air mystérieux et semblait le livre même de la nature.

Il y a d'autres cours encore, parmi lesquels le plus suivi est peut-être celui d'apiculture.

En arrivant dans la Pépinière par la porte d'angle qui avoisine la rue Vavin, vous avez sans doute remarqué un bouquet de marronniers qu'entoure un taillis de lilas auquel un cadre de gazon fait bordure. Au centre de ce bois sacré s'arrondit une enceinte que défend

un treillage à hauteur d'appui ; on y pénètre par
un arc-de-triomphe rustique portant, inscrits à
son fronton, ces simples mots : *Rucher-école.*
Au fond s'alignent une vingtaine de ruches en
chaume coiffées d'un pot à fleurs renversé, plus
un petit chalet, en chaume également, qui sert
à serrer les instruments nécessaires aux expé-
riences. Derrière les ruches s'étend un bout de
pré piqué de marguerites ; autour, quelques
pieds de thym et de lavande, d'autres fleurs que
les abeilles affectionnent, et un petit trou d'eau,
étang minuscule, pour que, suivant le précepte
virgilien, elles puissent y venir se rafraîchir les
ailes et boire. C'est là que les mardis et same-
dis, tant que dureront avril et mai, M. Hamet
prodiguera gratuitement sa science. Mardi dernier, je l'ai vu en train d'enfumer une ruche à
l'aide d'une fumigation de ce champignon pul-
vérulent que les savants appellent lycoperdon
et les bergers vesse-de-loup. M. Hamet, tenait
dans le creux de sa main toute la petite colonie
temporairement asphyxiée : il cherchait la
mère. Les abeilles des autres ruches, avec un
doux bourdonnement, voletaient autour de sa
tête, ornée d'un gibus neuf vu la solennité du
premier cours, mais que décore ordinairement
un simple chapeau de paille. Les disciples at-
tentifs se dressaient, pour mieux voir, sur la
pointe des pieds. De petits cris d'oiseau, puis un
grand silence : on se serait cru loin, bien loin,
dans les vallons aimés d'Aristée ou chez un de

ces vieillards pareils aux dieux, dont Fénelon
célébra l'heureuse sagesse. Seul, un bruit continu de voitures roulant sourdement au delà
des grilles du jardin venait par moment rappeler Paris.

III

On coupe le foin à deux pas de mon logis... Non
pas le vrai foin que vous savez : haut, dru, humide, plein de fleurs bleues, plein de fleurs jaunes,
et couronné comme d'un brouillard flottant d'a-
voines folles et d'herbes en grain ; mais un
pauvre gazon ras, semé de deux mois à peine,
où le faucheur peut aller son train sans
craindre de mettre le pied sur le nid de l'a-
louette ni de voir tout à coup s'enfoncer en
criant dans l'herbe épaisse une caille qu'il vient
de blesser à l'aile avec sa faux.

Mes faucheurs sont des campagnards de Paris.
Vous chercheriez en vain à leur côté l'étui
plein d'eau où trempe la pierre et le clou luisant qui sert d'enclume pour battre le tran-
chant de l'outil. Ils ont, malgré tout, bonne
grâce à la besogne. Le soleil luit, les grandes
lames vont et viennent, un peu de foin maigre
s'aligne lentement au bout des faux, à gauche
des faucheurs ; des pierrots s'abattent de l'arbre
voisin ; j'ai vu sauter sur les lignes de foin une

sauterelle aux ailes rouges, et dans l'air monte cette fine odeur de thé que l'herbe coupée exhale en séchant.

Il y a dans Paris plus d'un endroit où le pauvre diable exilé des champs peut aller encore de temps en temps se dilater les poumons et se réjouir le cœur. Ceci me rappelle un autre spectacle rustique vu il y a dix ans, au même endroit.

C'était le massacre d'un jardin, avec son sol remué, ses arbres qu'on abat, ceux qu'on emporte, et ses allées sillonnées comme un chemin de ferme par de profondes ornières...

On détruisait la Pépinière !

Deux fois par jour je la traversais ; et je pouvais me croire à cinq cents lieues, dans un coin de montagne que je connais bien, inculte ou à peu près maintenant, mais qui deviendra, comme on dit, *une Palestine*, quand, parcelle par parcelle, nos paysans l'auront tout entier défriché. Arbres à terre, buissons arrachés, monceaux de gramen et de mousse séchant au soleil pour être brûlés, blocs de calcaire bleu qui montre le nez au ras du sol et que l'on fait sauter avec la mine, il me semblait réellement revoir tout cela en cheminant de la rue de l'Ouest à l'avenue de l'Observatoire au milieu des plates-bandes retournées, des murs détruits, des haies vives coupées, des arbres et des vignes déracinés vivants... J'éprouvais une volupté singulière à m'enfoncer jusqu'aux genoux dans cette bonne terre végétale, faite des feuilles tombées de cinquante automnes, toute noire, toute humide de sucs nourriciers, remplie de fibrilles en réseau, de racines hachées par la pioche, et qui sentait bon comme un dessous de bois quand il a plu.

Des ouvriers, par grandes pelletées, la jetaient sur des tombereaux, et quelques bourgeois, plus pratiques que moi, s'en allaient emportant dans leur mouchoir de jeunes plants, des petits rosiers et des oignons de fleurs rares.

Là-bas, au delà du carré de gazon où manœuvrent les faucheurs, le sol était tout couvert de troncs coupés et de billots. Les uns creux et ne conservant guère que l'écorce avec un peu de vieux bois couleur d'amadou ; de ceux-là, un campagnard se ferait des ruches. Les autres d'un bois jaune, sain, solide, et veiné de rouge comme si l'arbre avait saigné sous la scie. Une pitié !...

J'en vis mourir un, un vieux marronnier trop grand pour être transporté. D'abord on décida de quel côté il tomberait, on lui noua cinq ou six cordes à la fourche et au tronc pour régler sa chute, puis deux hommes, nu-bras, l'attaquèrent à coups de hache.

Il fallait voir ces haches frapper, les éclats de bois voler en l'air, et le pauvre vieil arbre frissonner misérablement de ses racines basses à la plus haute de ses feuilles... beaucoup de monde regardait.. Tout à coup, un craquement, le tronc s'ébranle : *gare dessous !* crient les bûcherons, et le bel arbre, à grand bruit, tombe en s'écrasant sur ses branches...

Il était couvert de feuilles nouvelles et rempli de couvées de moineaux qui pouvaient à peine voler. On en prit quelques-uns, d'autres se sauvèrent, la plupart étaient morts du coup.

Quant au marronnier, on le laissa, je ne sais pourquoi, trois jours couché par terre sans le dépecer. Grande fête pour les gamins qui se suspendaient par grappes aux grosses branches et se taillaient des fifres avec les petites... Le marronnier était en pleine sève.

Autre paysage que j'aimais, malgré son aspect solitaire et désolé : ce sont les grandes excavations blanches situées là-haut, du côté de l'Observatoire, au-dessus de la rue grillée qui a coupé la pépinière en deux.

On avait enlevé d'abord toute la terre, puis creusé à vif jusqu'au calcaire, sans doute pour construire les caves des maisons qui seront bâties là.

Dans ce trou crayeux, sec, aveuglant sous le soleil, où repoussent çà et là quelques brins d'herbe, des hommes travaillaient près de charretons attelés... J'y descendis un jour : plus de Paris, plus de maisons, plus rien que des arbres, un pan de ciel bleu, et sur la crête d'un

talus éboulé quatre ou cinq mètres de haie qui
continuaient de verdir.

On pourrait ainsi sans courir loin, recueillir
tout un livre de tableaux rustiques, comme
Bernardin de Saint-Pierre découvrit un monde
sur son fraisier... Mais le soir tombe avec la
fraîcheur, et le jardin, désert tout à l'heure,
commence à se peupler de promeneurs ; il va
sans doute y avoir musique. Les faucheurs s'en
sont allés après avoir ratelé l'herbe.

C'est l'heure où dans les prairies on voit descendre les grandes charrettes aux puissants
attelages...

Ici, une petite vieille se dirige vers la pelouse. Je reconnais la femme du gardien de
l'Orangerie. Elle s'agenouille sur le gazon, met
toute l'herbe dans son tablier et l'emporte.

Ce sera pour les lapins du Luxembourg !

IV

Un jardin charmant quoique perdu au milieu
des hautes maisons, un de ces jardins qui, tout
petits, font la joie et la santé de vingt ménages,
et comme il ne s'en trouve plus guère qu'aux
approches des boulevards extérieurs, vers cette
frontière idéale où finit le Paris commerçant et
bourgeois, où commencent les quartiers popu-

laires. Il a des lilas au printemps, des chrysanthèmes en hiver, et l'été, sur une vieille treille
malade s'étirant au soleil le long d'un vieux
mur, quelques grappes que piquent les guêpes.
Pour habitants, deux ou trois pigeons et le chat
qui les guette ; les moineaux du chantier de bois
d'à côté, innombrables et se multipliant dans
les trous que laissent entre elles les bûches
empilées ; plus un merle obstinément fidèle à
son nid caché sous un massif de fusains, un
merle qu'on revoit à chaque saison avec un
habit plus lustré et un bec plus jaune, un merle,
enfin qui fait pour ainsi dire partie de l'immeuble, mais dont notre propriétaire, homme sage!
ne garantit pas cependant l'aimable présence
dans ses baux.

Le prix du jardin est de quatre-vingt-dix
francs (pas par mois, par an !), somme considérable encore pour les gens du quartier qui, rentiers modestes ou bien ouvriers aisés, paient
presque tous au petit terme. Sans compter
qu'avec le jardinier, l'entretien des outils et
l'achat des plantes, la dépense peut monter à
plus de cent cinquante francs. Aussi, les uns
après les autres, tous les locataires mes voisins
ont-ils renoncé à posséder le jardin : ils se contentent, comme moi, d'en jouir gratis et par le
haut, ce qui est peut-être la bonne manière.

Le jardin est loué à un étranger, un brave
homme de vieux monsieur en cravate blanche,
habitant à l'autre bout de Paris, dans un en-

droit noir empesté de la fumée des usines, et
qui vient chez nous tous les soirs, son travail
fini, respirer doucement l'ombre et le frais entre
quatre murs.

Quand, il y a deux ans, ce locataire inespéré
se présenta, mon propriétaire lui dit : « Vous
arrivez à point, le jardin ne me rapporte rien
depuis longtemps, et j'étais presque décidé à
tout faire arracher pour bâtir un hangar à la
place » ; puis il ajouta : « C'est égal, ça va fâcher le capitaine. — Quel capitaine ? — Un original qui habite là à l'entresol. Il y a des gens
qui aiment les fleurs pour les cueillir ; lui, c'est
pour les faire pousser qu'il les aime. Son budget
ne lui permettant pas une dépense supplémen-
taire de quatre-vingt-dix francs, il m'avait demandé l'autorisation d'entretenir le jardin en
attendant que je le loue. Aussi s'en est-il donné,
le gaillard ! De l'aube à huit heures, en chapeau
de paille et en sabots, il pioche, il plante,
éprouvant du plaisir, paraît-il, à faire des trous
dans la terre ; puis il va à son bureau, rentre,
se couche à l'heure des poules, puis s'éveille
avec les coqs pour prendre la pioche et recommencer... Un fameux jardinier !... Voyez comme
c'est entretenu !... »

Le vieux monsieur avait l'air de réfléchir :

— Vous dites que ça va contrarier le capitaine?

— Je crois bien : terrasser est sa seule distraction.

— Mais, en ce cas, qui l'empêcherait...

— Vous permettriez ?...

— Dame ! écoutez : je ne suis pas riche, et s'il m'épargne un jardinier... D'ailleurs, nous ne nous rencontrerons pas : je ne puis venir ici que le soir.

Et depuis ce mémorable accord, tous les matins le capitaine piochait et ratissait de l'aube à huit heures, fier de marcher dans l'herbe humide, s'enivrant du parfum de terreau des plates-bandes remuées ; et tous les soirs le vieux monsieur, paisiblement et discrètement, venait s'asseoir sous les arbres taillés par le capitaine et respirer les fleurs qu'il avait arrosées.

V

A côté des naïfs Olivier de Serres qui font ainsi de l'agriculture jusque sur les toits, il y a leurs frères moins favorisés, les éleveurs, les bergers en chambre, qu'un atavisme irrésistible et fatal pousse, en pleine civilisation, à mener la vie pastorale. Doux rêveurs, cerveaux bucoliques, de tout temps on les persécuta ; et malheureusement voici qu'une ordonnance renouvelée des plus mauvais jours de l'empire (3 novembre 1862) et destinée à produire sur notre France citadine les effets d'une révocation de l'édit de Nantes, va de nouveau soulever contre eux, plus méchantes et plus violentes, les haines de ces âmes basses qui, perverties par vingt siècles de mysticisme, détestent les animaux et n'aiment pas la vie.

Dans les quartiers riches, par la force même des choses, l'animal ne tient que peu de place : un angora gras, ayant perdu jusqu'au souvenir de l'indépendance première et qui traîne sa paresse sur les coussins, un chien havanais, un ouistiti, deux perruches inséparables jasant dans leur cage en fil d'or, c'est tout ce que les concierges permettent. Mais dans les quartiers éloignés, presque suburbains, peu bâtis encore, tout ménage possédant sa petite cour, son jardin, c'est une arche de Noé véritable. Quadrupèdes et volatiles, sous le berceau de treillage où la lessive sèche au soleil, vivent pêle-mêle avec les enfants. Et, cela piaule, cela crie, cela fait à la maisonnette une âme joyeuse, et le travailleur matinal réveillé par le clairon du coq part de meilleur cœur pour l'ouvrage. Quel désespoir chez le pauvre monde quand sonnera l'heure de la proscription !

Défense est faite aux animaux de vaguer désormais par les rues. Que va devenir le lapin de la fruitière, ce courageux lapin qui, sûr de trouver refuge en sa cage, se campait au milieu du trottoir, essayant de faire peur aux chiens ? Que va devenir la poule de l'Auvergnat — tous les Auvergnats ont une poule — qui, toute noire de poussier, pondait néanmoins des œufs blancs, profond sujet d'étonnement pour les gamins du voisinage ?

Connaissiez-vous derrière le Panthéon, sur la montagne Sainte-Geneviève, la *rue des Poules*, rue paisible comme une impasse? Les poules s'y trouvaient chez elles, piquant entre les pavés des brins d'herbe. On rêvait à les voir de l'ancienne Université, et des temps lointains où ce coin de Paris était village. Je suis retourné rue des Poules l'autre jour. Eh bien, il n'y a plus de poules rue des Poules, et on l'a rebaptisée rue Laromiguière.

C'est ainsi qu'avec les meilleures intentions du monde nos édiles nous gâtent Paris. L'hygiène a du bon, mais une ville ne vit pas que d'air pur. Paris sans bêtes s'ennuiera, et l'ennui, au dire des médecins, est particulièrement insalubre. Le mieux serait donc de laisser les lapins vivre et les poules se promener.

Avouons pourtant, — car il faut être justes ! — que certains éducateurs fantaisistes sont allés parfois un peu loin. Un mien ami, peintre de son état et habitant plus volontiers les combles que les rez-de-chaussée, reçut en cadeau pour sa fête une paire de gentils petits cochons d'Inde. La femelle fit des petits, et bientôt dans tout l'atelier le cochon d'Inde pullula. Ces cochons d'Inde étaient charmants; pourtant, en si grande quantité, ils gênaient un peu pour faire de la peinture. Un cochon d'Inde, par bonheur, détacha un platras en grattant le mur, et commença ainsi un petit trou.

Mon ami aperçut le trou, et, sans savoir pour-

quoi, comme poussé par un vague instinct, il
vint en aide au cochon d'Inde. Le trou s'agran-
dit. Derrière, le vide et le noir! Mon ami ex-
plora l'excavation à l'aide d'un long appuie-
mains et décida dans sa sagesse que c'était là
un local fort convenable et tout trouvé pour y
loger des cochons d'Inde. Il y glissa donc ses
cochons d'Inde, poussa sa malle devant le trou
et se remit dès lors à peindre tranquillement.
Tous les matins il retirait la malle et jouissait
du spectacle de ses cochons d'Inde sortant du
trou à la queue leu leu pour venir se régaler de
croûtons de pain et d'épluchures. Chaque jour
se présentaient de nouveaux petits, les portées
succédaient aux portées, et mon ami, ravi de les
voir ainsi prospérer, se félicitait de son idée.
On se félicitait moins dans la maison d'à côté.
La nuit, il y avait des bruits étranges, des ga-
lops effrayants parcouraient les plafonds; des
locataires donnaient congé, croyant le logis hanté
par des fantômes.

Le propriétaire voulut visiter son immeuble
de fond en comble, et, dans un galetas abandonné, trouva, non sans quelque étonnement,
la colonie de cochons d'Inde, innombrables,
joyeux, de tout âge et de toute couleur. Le
phénomène ne fut jamais bien expliqué; et, depuis, les commères du quartier croient ferme-
ment que dans les galetas longtemps fermés
les cochons d'Inde naissent tout seuls par voie
de génération spontanée.

2.

Il y a encore l'histoire de ce sonneur de Notre-Dame qui, sur la plate-forme de celle des deux tours où le public ne monte pas, avait transporté de la terre, semé un pré et installé une vache.

Le sonneur, une fois ses offices sonnés, vivait là, voisin des étoiles, en belle vue et en bon air, et se nourrissant de laitage. Il pouvait se croire berger sur une cime alpestre. Pendant des mois il fut tranquille; mais un beau jour la vache le trahit par ses beuglements.

Le chapitre s'en émut. Le sonneur résista. Un jugement intervint. Le sonneur fut expulsé. Quant à la vache amenée maigre et qui depuis avait engraissé, ne pouvant la descendre par l'étroit escalier à vis, il fallut l'abattre sur place. On aurait bien pu la laisser là-haut : sa présence n'incommodait personne.

Ajoutons qu'il n'y a pas dix ans que ces choses se sont passées; mais on oublie si vite à Paris.

UN VIEIL ARTISTE.

Il fut un temps on aura peut-être quelque peine à le croire ! il fut un temps où les artistes n'étaient pas riches.

Candide dans sa barbe grise, sans grands besoins et sans envie, le graveur Rodolphe Bresdin reste au milieu du Paris moderne comme un témoin de ces temps fabuleux.

L'autre matin, près du pont des Saints-Pères, j'ai rencontré Rodolphe Bresdin. Bresdin venait dans ses gros souliers, moitié marchant, moitié se promenant, de Sèvres qu'il habite, et portait à son habitude, un rouleau de gravures sous le bras. Nous nous sommes assis devant un café; et là,—après avoir admiré longuement, en connaisseur, la lutte du soleil et du brouillard sur la rivière, tandis que le Louvre s'éclaire et que là-bas les toits et les tours et la fine aiguille de la

Cité tremblent dans une gaze d'argent qu'on croirait faite de rosée flottante, — Bresdin m'a montré ses gravures.

Mais, j'y songe, vous connaissez Bresdin. C'est lui que des compagnons d'atelier, à cause de ses allures de Peau-Rouge, avaient baptisé *Chingachgook*, nom transformé en *Chien-Caillou* par la prononciation fantaisiste d'un concierge, et vous avez sans doute pleuré au récit, véridique sauf le dénouement, que sous ce titre mystérieux et bizarre de Chien-Caillou, fit Champfleury des misères de sa jeunesse, quand, ayant un lapin blanc pour seul ami et une échelle pour tout mobilier, Rodolphe Bresdin tirait à la brosse, avec du cirage, les épreuves de ses premières planches aussitôt revendues chez les brocanteurs comme des Rembrandt authentiques.

Après Champfleury, qui écrivit le roman de Chien-Caillou, un lettré délicat, fin paysagiste de la plume, M. Alcide Dusolier, écrivit sa biographie. Biographie aventureuse, promenée un peu partout dès l'enfance, des bords de la Loire aux bords de la Bièvre, et même aux bords du Saint-Laurent. Il y a six ans, dans une brasserie fréquentée par des peintres, près d'une gare, quelques amis s'entretenaient de Bresdin depuis longtemps disparu et qu'on croyait mort, quand précisément Bresdin entra, chargé de paquets, suivi de sa femme, de ses six enfants et d'un nègre. Bresdin, comme on revient d'Asnières,

s'en revenait du Canada, où il était allé chercher fortune.

Car Bresdin, toujours, bon gré mal gré, ra-
mené au gîte, toujours interné par la nécessité
entre Montmartre et Montparnasse, eut toujours la même idée fixe : être colon, s'établir
aux champs dans un pays où les champs ne coû-
teraient rien, vivre de la vie paysanne, défri-
cher, piocher au soleil, boire l'eau des sources
et partager avec sa famille, les oiseaux de l'air
et les bestioles des bois, de grosses tranches de
ce bon pain bis qui sent encore la terre et le blé.

On a gardé le souvenir de la tentative originale que fit Bresdin pour se créer un centre
agricole à Paris. Il habitait alors un immense
grenier, très favorablement délabré, où par
mille trous au toit, mille fissures aux murs, entraient librement les rayons, les brises vivi-
fiantes et aussi ce qu'il faut de pluie. Bresdin
apporta de la terre qu'il étendit en couche
épaisse sur le plancher, il planta des arbustes,
sema du gazon et des légumes, puis quand tout
fut en train de pousser, avec de la paille et des
branchages, il construisit une cabane dans un
coin. Bresdin vivait là très heureux, sans souci,
travaillant comme quatre, piochant un peu,
gravant beaucoup. Il avait mis dans son champ
des lapins et des poules ; des moineaux et des
merles étaient venus tout seuls. La récolte s'annonçait bien, rien à craindre de la grêle ! Par
malheur, un matin, l'huissier parut, porteur

d'un ordre d'expulsion. Le reboisement du grenier accaparant et condensant toute l'humidité de l'atmosphère, des sources vives avaient jailli dans l'appartement du dessous.

L'œuvre de Bresdin, ou de Chien-Caillou si vous voulez, se caractérise et s'explique par cet amour naïf et quasi enfantin de la nature. Sans cesse rêvant des champs et des bois, Bresdin passa sa vie à dessiner son rêve ; et ses planches si curieusement fouillées font songer aux paysages entrevus dans le vague du sommeil, qu'on se rappelle si magnifiques et dont les innombrables détails s'évanouissent dès qu'on essaye de les fixer.

Bresdin, lui, a su les fixer ! Pénétrons dans une de ces forêts chimériques, enchevêtrées, avec une ville blanche luisant au fond sous une éclaircie, où il aime égarer ses Bons Samaritains et ses Saintes Familles. L'artiste a voulu tout y mettre : le gazon brin par brin et la ramée feuille par feuille. A chaque pas qu'on fait, c'est une nouvelle découverte : biche qui fuit, oiseau qui s'envole, couleuvre qui se glisse. Un rayon descend sur la mousse à cet endroit qui paraissait sombre. Un étang, d'abord inaperçu, laisse entrevoir les végétations en dentelles qui tapissent ses profondeurs. Regardons bien, sur la glaise de sa berge où des racines s'entrelacent nous reconnaîtrons les érosions creusées par la dernière pluie et les traces des travaux souterrains de la loutre et du rat d'eau. On est

comme dans une forêt réelle à l'obscurité de
laquelle le regard s'habituerajt peu à peu. Et ne
criez pas à la patience. La patience seule ne
saurait être évocatrice. C'est de l'art, singulier
sans doute, mais c'est de l'art : l'expression originale et passionnément formulée d'une ardente
vision intérieure.

Bresdin, s'il faut tout dire, est allé parfois un
peu loin. Il a des pages tourmentées où la tor-
sion bizarre des branches, les nœuds et les
bosses des troncs, les plis et les moisissures des
écorces, en arrivent à affecter de vagues res-
semblances humaines. Je sais, entre autres, certaine *Comédie de la mort* dont l'auteur seul
pourrait, et encore le pourrait-il ? nous expliquer le symbolisme palingénésique. Mais ces
compositions maladives sur lesquelles on a trop
jugé Bresdin font, en somme, exception dans la
sincérité de son œuvre.

Détail touchant : au premier plan d'un de ses
paysages les plus riants et les plus caressés,
Bresdin a mis un énorme bloc avec cette inscription mystérieuse : « Je porte cette pierre
depuis cinquante ans. » Le vieux graveur a
sans doute voulu faire allusion à ses longues
années de misère, et peut-être écrivit-il cela, il
y a trois ans, l'année du rude hiver, alors que,
presque aveugle, il était réduit, pour gagner sa
vie, à raccommoder sous un hangar ouvert à
tous les vents les outils des ouvriers occupés à
balayer les neiges des rues.

Aujourd'hui Bresdin n'en est plus là, Bresdin y voit, Bresdin reprend courage, Bresdin m'a annoncé que le journal, *la Vie moderne* allait lui organiser une exposition.

Il y a plus, mais ceci entre nous, Bresdin devient ambitieux ! Bresdin a remarqué au jardin des Plantes, dans les squares, des gens dont le sort lui semble admirable. On les appelle des gardiens. Ils n'ont, m'a-t-il dit, qu'à se promener tout le long du jour au milieu des arbres et de l'herbe, et gagnent ainsi 600 francs, 1,000 par an. — « Ce serait pour moi le bonheur, l'existence assurée, et surtout quelques bonnes heures de travail tranquille chaque matin et chaque soir. — Il faudrait s'informer, adresser une demande... — Je l'ai fait. Hélas ! on m'a répondu que ces places étaient réservées aux soldats blessés, retraités... » Et, reficelant ses gravures, d'un ton narquois et résigné : — « Que voulez-vous c'est un malheur : tout le monde ne peut pas naître ancien militaire ! »

LE DÉMON DE LA NATURE MORTE.

Au temps où les tramways n'existaient pas,
ce n'étaient, dans tout le quartier Montparnasse, de Vaugirard à l'Observatoire, que murs
couronnés d'herbes folles, avec quelque maisonnette de loin en loin laissant apercevoir un
bout de jardin entre les liserons de sa barrière
à claire-voie.

Rue Notre-Dame-des-Champs, vers le milieu,
il reste une de ces maisonnettes. Est-ce au nu-
méro 13 ou 15?... Mais, pour peu que votre
cœur soit parisien, vous l'aurez sûrement re-
marquée. Arrêtez-vous devant, un matin, tirez
le loquet, poussez la porte, poussez sans crainte,
il n'y a ni concierge ni chien : un couloir de
plain-pied, un perron moussu, puis, en contre-
bas, un vieux verger, vrai verger de Brie ou
d'Ile-de-France, le vieux mur, le vieux puits,

et des poiriers non taillés, revêtus de ces lichens d'argent qui sont la barbe blanche des vieux arbres.

Les merles y font colonie, venus en bande après qu'une hache sacrilège eut dévasté les ombrages du Luxembourg ; et tous les ans, sur les toits voisins, autour des hautes cheminées, les plus vieux moineaux apprennent aux jeunes le chemin de l'endroit et ses délices.

Depuis cent ans et plus, jamais personne n'arracha une pelotte de mousse ni un brin de mouron aux allées. Au contraire, chaque locataire nouveau a considéré comme un devoir de planter d'abord quelque chose : sureau, lilas ou syringa, sans compter les graines d'aventure qui, voyageant par l'air sur l'aile du vent ou dans le gésier d'un oiseau, arrivent un jour, on ne sait d'où, fleurir les coins abandonnés des villes. Les derniers venus, faute de mieux, ont même dû se contenter de cultiver le mur, changeant ses trous en pots, ses moindres rugosités en plates-bandes, apportant aujourd'hui une grosse plante grasse achetée sur les quais, demain s'en retournant des champs avec un plein mouchoir d'herbes et de fleurs pariétaires.

Dans le fond du clos, au bout d'un sentier aussi étroit, aussi capricieusement tortillé, aussi embarrassé de branches basses que s'il menait à la demeure de quelque Belle-au-bois-dormant, on voit une ferme et un hangar, le tout en pisé, couvert de chaume et remontant au règne de Louis XIII.

Mon ami Senez habite la ferme ; sous le hangar transformé en atelier (ferme et hangar coûtent bien 200 francs par an), il accomplit sans envie ni regret sa mission sur la terre, laquelle mission, à ce qu'il a découvert, est de faire de la nature morte.

Car mon ami Senez est peintre de nature morte et ne veut être que cela. La nature morte suffit à son ambition, à sa joie. Dans l'immense domaine de l'art, il s'est réservé ce petit coin intime et fleuri comme son jardin. Aussi de quel cœur il le cultive ! C'est plaisir de le voir, à son chevalet, s'escrimer du pinceau, quelquefois du pouce, écraser ses couleurs, les poser gaiement par touches fraîches; et, tout en causant, tout en fumant, jeter sur la toile ces simples compositions chères aux âmes naïves : un pot de grès, des huîtres ouvertes, l'air cossu et satisfait d'une blague pleine près d'une pipe, l'affaissement désespéré d'une bourse vide à côté d'un billet protesté, l'éclat dur des cuivres contrastant avec le luisant profond des faïences, et le carmin velouté d'un panier de pêches avec le vert tendre des queues d'un bouquet qui trempe dans une eau transparente. Senez, on le voit, peint aussi des fruits et des fleurs ; mais des fruits cueillis et des fleurs coupées. Il s'arrête là ! Peintre de nature morte, Senez a pour unique idéal d'exprimer par le dessin et les

couleurs l'âme mystérieuse des choses. C'est
une joie de créateur qu'il éprouve à faire parler ces muets, à traduire pour tous leur langage.
L'objet peint par lui s'anime et s'égaie : — « Ce
pot ébréché ne vous disait rien ? Regardez, il
vit maintenant ; le pot est content d'avoir été
compris, et voilà le secret de la nature morte. »

Demeuré candide et doux malgré sa barbe
qui grisonne, mon ami Senez est heureux. Il a,
de l'enfant, l'œil toujours étonné le naïf et subit
sourire.

Quelquefois pourtant, au passage d'un souvenir, mon ami Senez ne rit plus, et sous ses
épais sourcils, subitement contractés, son œil
gris-clair se voile de larmes.

Il se cache un drame, drame sanglant, qui le
croirait ? dans l'existence de mon brave ami
Senez.

En voici l'histoire :

Un matin, la chose ne date pas d'hier, flâ-
nant du côté de Vaugirard, qui alors était un
village, mon ami Senez s'arrêta pour regarder
vendre à l'encan, en pleine rue, le mobilier
d'un pauvre homme. Une commode, une table,
trois chaises ; cela faisait peine à voir jeté ainsi
sur le pavé. Il y avait encore un chandelier,
une glace fêlée, et, détail navrant, une pie
vivante dans une cage d'osier.

— « On saisit donc les bêtes ?
— On les saisit. »

Et Senez se réjouit intérieurement en songeant que, pour agile qu'il fût, un huissier, en pareille occasion, aurait quelque peine à lui saisir ses merles.

Quand tout fut vendu : « A cinq sous l'oiseau et sa maison ! » dit le commissaire-priseur en soulevant la cage. La cage s'effondrait, la pie perdait ses plumes.

« A cinq sous une pie superbe dans une cage en bon état ! »

L'assistance éclata de rire.

« Il n'y a pas amateur à cinq sous ?... Mettons quatre sous, la cage et la pie... Quatre sous !... Quatre sous !... Trois sous !... Un sou !... »

Des gamins causaient à côté de M. Senez : « Le commissaire a dit comme ça, murmurait l'un, que, si on ne le vendait pas, il me donnerait l'oiseau. — Nous le plumerons ! » répondait l'autre.

Le bon M. Senez eut pitié. Déjà l'officier ministériel se fatiguait, déjà les odieux gamins tendaient leur griffes :

« Deux sous !

— Deux sous ! Nous avons acquéreur à deux sous. Deux sous ! deux sous ! Une fois ?... Deux fois ?... Adjugé ! »

Et sans s'inquiéter des risées, le bon Senez emporta sa pie, abandonna la cage aux gamins qui, sans perdre de temps, allèrent, par manière de consolation, l'attacher à la queue du chien de la fruitière.

3.

Dans le clos béni de la rue Notre-Dame-des-Champs, la pie eut oublié bien vite les longs jours passés sous scellés. Ses ailes reprirent leur beau luisant et son œil attristé se remit à pétiller de malice. Acceptée des merles, elle gambadait dans le jardin, n'osant voler encore faute de queue, car la queue est aussi indispensable aux pies que le balancier aux acrobates. Puis un beau jour, sa queue ayant poussé, Margot s'enleva de terre et prit l'essor. M. Senez la crut partie. Non ! perchée sur le mur, les pattes dans la mousse élastique et fraîche, avant d'aller plus loin, elle regarda. D'un côté, le clos, l'oasis avec l'aimable société des merles ; de l'autre, le coteau natal, mais loin, si loin, visible à peine par delà un Sahara de toitures et de cheminée, région infertile, peuplée d'huissiers, de gardiens des scellés, de commissaires-priseurs, et qu'il serait difficile de traverser sans mésaventure.

La délibération fut longue. Puis, après avoir parcouru en dansant la crête moussue, exploré le toit du hangar, et mis curieusement le bec et l'œil dans la cheminée, Margot sauta, ailes étendues, sur la poutre transversale du puits, et de là sur l'épaule de son maître. Ayant, dans son cerveau d'oiseau, mûrement pesé et comparé les choses, Margot venait de se donner pour toujours. Mystérieux phénomène psychique, bien fait pour provoquer les méditations du philosophe et que M. Senez attendri constata par ces simples mots : « Allons ! la pie est apprivoisée. »

La pie vola quelques bagues dans le quartier et devint bientôt populaire. Affectueux naturellement et fier de posséder un oiseau admiré de chacun, le bon M. Senez ne se sentait plus de joie.

Mais au bout d'un mois, chose étrange ! cette joie parut se nuancer de mélancolie. M. Senez n'était plus le même ; on eût dit qu'il devenait sombre à mesure que la pie embellissait.

« Qu'a donc Senez ? » se demandaient ses amis.

Senez répondait :

« Le Salon approche, je cherche mon tableau, et le choix du sujet me tracasse. »

Quand il eut cherché son tableau quelque temps, comme sa tristesse ne diminuait point, ses amis se dirent :

« Senez est peut-être amoureux. »

On essaya de le distraire : fins déjeuners, parties de canots, promenades à la campagne. Rien n'y fit, Senez restait triste.

Peignait-il, au moins ? L'art est encore la consolation suprême.

Hélas ! s'étant un jour introduits dans l'atelier, ses amis virent toutes les toiles retournées, et sur le chevalet poudreux, auprès de la palette sèche, un melon ébauché depuis six mois.

Senez, interrogé, avoua que, en effet, depuis six mois, il ne faisait rien, et que l'art ne lui disait plus.

On tint conseil à la brasserie.

« C'est une crise, une simple crise, affirma le docteur. Tous les artistes en traversent de pareilles. Que Senez peigne, et il est sauvé. »

Alors chacun s'ingénia, les braves cœurs! à trouver dans ses armoires, sur son bahut, quelque objet provoquant à la nature morte, et si tentant pour le pinceau que M. Senez ne pût résister au désir de le peindre.

Ce fut, rue Notre-Dame-des-Champs, une procession :

« Voyez donc, Senez, ce verre de Venise que j'ai eu pour rien chez un Auvergnat. Croyez-vous que cela ferait bien pour une toile de dix, avec des marguerites et un rayon de soleil dedans ? »

Et on laissait le verre et les marguerites sous le rayon, en belle lumière.

D'autres fois c'étaient des faïences : un Rouen, un Nevers aux vives couleurs, un Moustiers aux ornementations délicates ; ou bien de vieux livres usés aux angles, grignottés par la dent des rats, mais pittoresques d'autant plus dans l'or terni de leurs reliures.

On essaya de groupements bizarres cachant des symbolismes mystérieux : un nid de mésanges, six petits œufs bleus piqués d'orange, dans un crâne ; une bassinoire historiée à côté d'une musette Louis XV au bâton d'ivoire, au sac de satin rose frangé d'argent.

Puis ce fut le tour des fruits : raisins, fraises,

pommes et poires, écroulements de pêches en velours, avalanches de prunes couleur de cire et d'ambre ou poudrées de poussière bleue : « Pose-moi ça dans un panier rustique ; ajoute une abeille, une guêpe volant dessus, et tu m'en diras des nouvelles. »

Un peintre antibois fit venir d'Antibes toute une cargaison d'oranges, de cédrats, de pastèques et de grenades. « Superbe ! dans ce plat hispano-arabe aux reflets métalliques, près de cet alcarazas rouge, jaune et noir acheté en Kabylie, sur ce tapis oriental aux gammes étouffées et chaudes comme une atmosphère de harem. » De quel cœur, six mois auparavant, Senez eût entrepris ce poëme, fripé le tapis, disposé le plat, fait reluire sur l'alcarazas les diamants de l'eau suintante, rendu le grenu baroque des cédrats, la glace tremblante et rose des pastèques, surpris sous leur écrin de cuir gaufré les grenats transparents des grenades, et fait frissonner autour, par on ne sait quelle mystérieuse évocation, toutes les poésies du Midi ensoleillé : murmures d'eaux courantes dans les cours dallées de marbres, chanson de pins et de cyprès et bruissement lointain des cigales.

Enthousiasmé, M. Senez prenait ses pinceaux, tendait une toile, râclait sa palette, exprimait dessus en petits vermicelles joyeusement tortillés les blancs d'argent, les jaunes d'or, les bitumes et les terres de ses tubes. Mais, à peine assis, le découragement le reprenait et, devant la toile lamentablement vierge, les vermicelles multicolores séchaient sur l'acajou de la palette.

Décidément, la chose était vraie : rien ne disait plus à M. Senez.

A bout d'expédients, les amis dépouillèrent marchés et halles. Des montagnes de poissons étincelèrent sous le jour fin de l'atelier. Les langoustes et les homards y promenèrent leurs pinces énormes, leurs antennes étranges et leurs armatures compliquées. Les gruyères y pleurèrent sous l'acier, les bries y coulèrent sur leur natte de paille. Les lièvres étalèrent leur pelage couleur de coteau, les poulardes leurs cuisses marbrées et leurs appétissants croupions en trèfle.

Hélas ! après de vaines heures d'attente, les modèles à la fin se gâtaient, et il fallait en faire à la brasserie des repas tristes comme des repas funèbres.

Cependant, en proie aux plus sombres pensées, dans cet atelier si gai jadis, maintenant à l'abandon, M. Senez se promenait ; et la pie, espérant attirer un regard, provoquer un sourire, allait devant, allait derrière, et piquait du bec ses pantoufles.

Pauvre innocent oiseau ! il était loin de deviner que c'était lui la seule cause des mélancolies de son maître. Qu'importent au digne artiste les merveilles de la nature et les triom-

phes de l'industrie ? Que lui font les fruits et les
fleurs, les étoffes et les céramiques ? Ce qu'il
veut peindre, c'est sa pie : il n'aime qu'elle, il
ne voit qu'elle !

Le fait est que jamais pie plus jolie ne fit
danser sur pattes plus fines, dans la poudre
d'une grande route et sur le gravier d'une allée,
un corps bleu-noir plus coquettement plastronné
de blanc ni une queue plus longue et plus agréa-
blement étagée.

Pourquoi alors ce cher M. Senez ne se débar-
rassait-il pas de l'obsession en la peignant une
fois pour toutes, cette pie dont l'image le
taquinait ?

Ah ! mes amis, que vous connaissez mal le
démon de la nature morte ! Sa pie, sa pie tant
aimée, c'est morte seulement que lui, peintre
de nature morte, pouvait la peindre. Oui,
morte ! la tête en bas, pendue par la patte,
comme on peint les pies ; avec quelque chose
de neuf et de personnel qui rajeunirait ce thème
antique. De là de subites tentations, des méditations vaguement criminelles... Mais n'antici-
pons pas sur les événements...

A mesure que l'hiver s'avançait, les méditations devenaient plus longues et les tentations
plus fréquentes. On apprendra bientôt pourquoi.
Un jour, à Clamart, M. Senez retrouva son
inspiration pour croquer sournoisement un coin
de mur merveilleusement écaillé. Quelques flocons étant tombés, il s'empressa de reproduire

le bourrelet glacé d'argent et frangé de larmes
en cristal que fait la neige au rebord des fenêtres. Puis il copia des nœuds de ficelle et fit
une étude consciencieuse d'un clou rouillé
planté dans du crépi.

M. Senez n'avait pas encore de projet bien
arrêté ; mais assurément, sans qu'il s'en doutât,
il s'habituait à l'idée du crime.

« Avait-elle après tout, cette pie, de si grands
sujets d'agrément sur terre, loin des siens, dans
ce clos inculte, avec un mur croulant dominé
de toits, pour horizon ? Qui sait ? La mort serait
peut-être un bienfait pour elle. » Et, spiritualiste convaincu, trop logique, puisqu'il croyait
à son âme à lui, pour ne pas croire à l'âme des
bêtes, il se demandait s'il n'existerait pas par
delà le soleil, parmi la poussière d'or des voies
lactées, une étoile, un paradis des pies, où,
dans de vastes plaines bordées de hauts peupliers et traversées de claires rivières roulant
des cailloux polis, des grains de mica et des pépites, ces oiseaux, après leur mort, sans souci
de la faim ni de la bise, pourraient, sur le sable
éternellement frais, sur l'herbe éternellement
verte, satisfaire leur double passion pour la
danse et les objets brillants.

D'autres fois, moins poétique, il se demandait
avec la logique coupante d'un procureur général
si, ayant jadis dans le plein exercice de sa liberté,
arraché l'oiseau à une mort cruelle, il n'avait pas
le droit strict de le faire périr humainement.

Un jour, sur un cornet de tabac, il vit un arrêté préfectoral de Seine-et-Oise qui proscrivait la pie comme animal nuisible, grand destructeur de nids et grand mangeur d'oiseaux.

Ce cornet de papier faillit le décider.

Mais aussitôt, sa bonté native se révoltant, M. Senez rougissait de ces sophismes et détestait le monstre qu'il sentait éclore en lui-même.

M. Senez avait changé ses habitudes. Lui, l'homme rangé qui se couchait à huit heures été comme hiver, déclarant que, si les poètes peuvent travailler la nuit, les peintres ont besoin de mettre à profit la douce lumière matinale, on le vit s'attarder chaque soir autour des chopes jusqu'à ce que le patron lui fermât dans le dos les grilles de la brasserie. On l'entendit, lui, le naïf artiste qui jusque-là peignait comme l'oiseau chante et comme coule la source, on l'entendit soutenir les thèses les plus saugrenues sur la vision comparée à l'impression, et les nouvelles formules esthétiques. L'esthétique altère ; donc M. Senez buvait, et plus d'une fois, passé minuit, il lui arriva d'étonner les rares passants par des discours qu'il se débitait à lui-même, tout seul, en marchant dans les rues désertes.

Un soir, — il avait neigé, et la vue de la neige exaspérait son idée fixe, — un soir, M. Senez quitta la brasserie avant l'heure. On voulait l'accompagner, il refusa.

Au moment de mettre la clef sur la porte :

« Non ! non! murmura M. Senez, pas encore ! »

Et, remontant l'étroite et courte rue de Chevreuse, il s'en alla dans la boue glacée des chaussées, sans crainte des rôdeurs de nuit, jusqu'à la barrière d'Enfer, en suivant le mur extérieur du cimetière Montparnasse.

Il roulait des pensées poétiques et sinistres. Il s'arrêta un moment à regarder sous la lune, par un éclat de la vieille porte, le clos envahi de broussailles et de lierre, — un clos, se dit-il, singulièrement pareil au mien, — où l'on enterrait alors les guillotinés.

Enfin, il rentra, mouillé, moulu, mais surexcité, brûlant de fièvre.

Le jardin était paisible. Pomponnés de flocons de neige, pommiers et rosiers semblaient fleuris, et des rayons blancs, tamisés au hasard des branches, luisaient tout ronds sur les sentiers. Mais M. Senez ne vit rien de tout cela. Un meurtrier marchant à son crime ne s'arrête pas aux menues curiosités du paysage.

M. Senez alla droit à l'atelier, ouvrit d'une main tremblante, et se dirigea en tâtonnant vers le coin où se trouvait un buste que la pie avait adopté pour perchoir.

« Margot! Margot ! »

Il espérait que Margot viendrait à sa voix et que le forfait pourrait se perpétrer dans l'ombre.

Margot ne vint point.

M. Senez alluma la lampe et vit que Margot

n'y était pas. Le vent amoncelant la neige à l'endroit où la pente du toit s'appuie au mur, avait obstrué une petite ouverture ménagée pour que la pie se promenât de l'atelier au jardin, librement.

M. Senez respira :

« La pauvre bête n'aura pas pu rentrer et sera morte de froid. C'est un crime que la Providence m'épargne. »

Mais il devait savourer son crime jusqu'au bout.

« Margot! Margot! continuait-il à crier quoiqu'il la crût morte et tout en regardant si son cadavre ne faisait pas tache sur la neige, Margot! Margot! pauvre Margot!!! »

Un bruit d'ailes le fit tressaillir. Pelotonnée à la fourche d'un pommier, une forme noire se souleva dans un nuage de flocons secoués, et Margot vint, confiante et gaie, s'abattre sur l'épaule de M. Senez...

Dès le lendemain, M. Senez se remettait à peindre. Plus de promenades, plus de brasserie. Un perpétuel filet de fumée s'allongeait par le tuyau de poêle au-dessus de l'atelier fermé à double tour ; et, quinze jours durant, les amis qui, intrigués, essayèrent de s'introduire dans la place, se retiraient discrètement, avec des sourires entendus, en lisant, écrit à la craie, sur la porte, le sacramentel : « IL Y A MODÈLE. »

Alors le bruit courut dans Paris que, en effet, comme on l'avait dit, le talent de M. Senez

venait de traverser une crise. De là ces longs
mois de découragement et de paresse. Mais
à présent tout était sauvé : M. Senez transformé, cherchant du nouveau, préparait pour
le Salon une grande figure de femme nue.

Enfin, le Salon ouvrit ses portes et la vérité
éclata. La pie était là, telle que M. Senez l'avait
rêvée, pendue par un pied près d'une fenêtre.
De la fenêtre on ne voyait qu'un reflet de feu
dans un coin de vitre, un bout de mur en train
de s'écailler, et le rebord en briques avec un
peu de mousse humide et de neige. Le plumage
sanglant de la pie, la ficelle, le clou étaient
des merveilles ; et tous ces riens combinés, —
la nature morte a de tels miracles ! — disaient
irrésistiblement le douloureux poème des grands
hivers, quand, un blanc linceul couvrant la
campagne, et dérobant jusqu'aux prunelles des
haies, les malheureux oiseaux perdus de froid,
chassés par la faim, se rapprochent des fermes
aux châssis flambants pour trouver la mort sous
le piège en *quatre-de-chiffres* de quelque rustre
sans entrailles.

Ce fut un triomphe ; triomphe, hélas ! mélangé de bien d'amertume pour l'infortuné
M. Senez.

Au Salon, voyant la foule attroupée autour
de son cadre, il pleura ; ses amis crurent qu'il
pleurait de joie. Mais quelques jours plus tard,
dans le petit jardin, comme je lui montrais un
lot de feuilletons célébrant unanimement ses

louanges à grand renfort de substantifs colorés
et d'épithètes reluisantes, il me mena près du
petit tertre herbeux où reposait Margot et me
dit :

« C'est bien beau, Monsieur, c'est trop beau.
Mais pourquoi faut-il que toujours la gloire soit
faite de larmes ? »

Ajoutons que, au point de vue de l'histoire
de l'Art, la cruelle résolution de M. Senez et
le sacrifice de l'infortunée Margot ne furent
pas sans avoir leur importance. C'est depuis
cette mémorable nature morte qu'on rencontre
aux expositions, dans les ventes, parfois même
chez les marchands de bric-à-brac, tant de pies
ainsi figurées : suspendues à un clou, le long
d'une paroi quelconque, par une ficelle. Avant
M. Senez, ce genre d'apothéose avec le clou et
la ficelle, avait toujours été, dans le monde des
peintres, le privilège incontesté du hareng saur.

UN PEINTRE DE FLEURS.

Ayant beaucoup marché et sentant l'appétit venir, je m'étais arrêté à une auberge, nouvelle pour moi, mais qui depuis longtemps me faisait envie. Vraie auberge de mariniers, le dos aux champs, l'œil sur la rivière. Devant la porte, un talus vert que coupe le chemin de halage. « *A la Poule d'eau* », telle est l'enseigne !

Bon endroit pour dîner, le soir.

Frissonnante sur les bords et rayée de longues raies d'argent par les mille lames des glaïeuls, en son milieu la rivière éclate pareille à un miroir poli. Tout autour de soi, le silence ! De temps en temps seulement des voix très distinctes et très lointaines, appels de bateliers, caquets de lavandières, arrivent répercutés sur l'eau.

De Charenton jusqu'à Corbeil, dans les écluses et les ports, l'auberge est célèbre. Mais je n'en dirai pas davantage sur elle aujourd'hui, par crainte de lui attirer la visite des brocanteurs, race malfaisante qui fait du bric-à-brac avec la poésie, enlève toute couleur à nos provinces, et, sous prétexte d'art, dépouille la Normandie de ses bahuts, le Comtat de ses pannetières et livre aux cocottes les faïences des bons vieux dressoirs nivernais.

— Entrez, monsieur, entrez ! On va repousser les volets, nous les tenions fermés pour les mouches.

Les volets repoussés, un dernier rayon du couchant fit irruption et, devant ce qu'il me montra, je fermai les yeux, ébloui.

Écaillé par places, un peu moisi, et, tel quel, admirable encore, le poème de la rivière était là, peint à fresque sur les vieux murs. Non les grands horizons comme Corot et Daubigny les comprennent : rangées de peupliers, prairies noyées, fuites de collines au lointain ; mais quelque chose de plus rapproché, de plus intime, un paradis de libellules : des nénuphars et des lis d'eau, des mousses, des lentilles d'eau pareilles à un semis de perles vertes, des joncs emmêlés, des iris, des roseaux portant droit leur quenouille, les fleurs du courant, les fleurettes des berges, enfin tout l'admirable fouillis de végétations luisantes et mouillées qui fait du bord de l'eau, quand on s'y couche à plat ventre dans l'herbe, une miniature de forêt vierge.

— Et la poule d'eau, où est-elle?

— Le peintre disait toujours, dame! que la poule d'eau venait de plonger... Un brave jeune homme tout de même qui passait un mois ici chaque année. On l'appelait... attendez donc : Vincent? Vincenet...

— Vincelet, peut-être?

— Oui, monsieur Vincelet ! c'est ça. Nous ne l'avons pas revu depuis la guerre.

Je m'en voulus de n'avoir pas deviné d'abord. Vincelet seul était capable d'avoir, sans doute en une après-midi dérangée par la pluie, brossé sur ces vieux murs ce coin de nature.

Et tandis que la bonne femme battait les œufs, mettait la nappe et trottait de la cuisine à la porte pour voir si le bachot de son homme n'arrivait pas apportant la friture, pendant cinq minutes au moins, — après huit ans, c'est quelque chose ! — je me mis à songer à mon ami mort, au peintre de fleurs Vincelet.

Une originale figure! Il avait trente ans quand je le connus. Né en Auvergne, mais Parisien dans l'âme :

« Paris est un bouquet, disait-il; sans compter les squares et les jardins, rien que sur ses fenêtres et ses balcons, on trouve à Paris plus de fleurs qu'en vingt lieues de rase campagne. » Il ne tarissait pas à ce sujet. Improvisant des théories qui vaudraient la peine d'être vérifiées : qu'à Paris la verdure pousse plus tôt et passe plus tard qu'ailleurs, ou bien encore que

Paris est la seule ville au monde où aient pu s'acclimater les ramiers des bois et les merles.

Paris et les fleurs étaient sa vie.

La première fois qu'il m'amena chez lui, à Montmartre, dans la grande chambre ouverte et gaie, regardant les buttes, dont il se servait comme d'atelier, j'eus l'idée nette de ce que doit ressentir une abeille piquant tête première, au milieu des fleurs, dans le pollen qui s'envole et les pétales qui se froissent. Partout des fleurs, sur les chevalets, sur les murs : fleurs achevées, fleurs ébauchées, fleurs vivantes à la fenêtre, fleurs coupées trempant dans des vases. Et tout cela clair, baigné de lumière, éclatant de mille tons joyeux, si bien qu'on avait peine à reconnaître les fleurs peintes des fleurs réelles. Je me croyais au cœur d'un bouquet !

Il se mit à peindre, et c'était plaisir de le voir trouver du premier coup le ton juste et fin sur sa palette, puis l'appliquer du plat du couteau, avec le pouce, et faire verdir, faire éclore feuillages et fleurs en se jouant : « Il faut peindre vite, disait-il, ce qui se flétrit en une heure ! »

Vincelet s'arrêtait des heures, rêveur, sous un de ces balcons parisiens où les vrilles des volubilis s'enroulent aux grilles dorées, ou devant les pauvres fleurs en pot attendant l'acheteur le long d'un quai et grelottant à la bise.

Par-dessus tout, Vincelet aimait les Halles.

Jusqu'à minuit, la journée faite, il ne s'ef-

frayait pas d'une heure ou deux passées entre
amis à la brasserie. Mais aussitôt les cafés fermés, il endossait le bourgeron, passait la cotte,
et, déguisé en ouvrier des Halles, il allait voir
arriver les fleurs.

Roses et lis par charretées, œillets en montagne, amas de muguets qui ressemblent à des
amas de neige, abatis de lilas et de syringas,
amoncellement de violettes, tout cela jouant
sous les rayons roses de l'aurore, tout cela vivant, frissonnant, secouant la rosée et pleurant
la sève !

Vincelet s'en retournait, de l'air rustique
plein la poitrine, le cerveau rafraîchi, l'œil
peuplé de tableaux superbes; et rentré droit
chez lui, il peignait dans la blanche clarté matinale jusqu'à ce que le sommeil et la fatigue
vinssent lui faire tomber le pinceau des
mains.

Il vécut ainsi, faisant parfois des toiles qui
ressemblaient à des chefs-d'œuvre, jusqu'en
1870.

Quand vint le siège, il désespéra : cette âme
de poète ne comprenait rien à la guerre.

Un matin, il descendit aux Halles, comme
autrefois, et trouva le pavillon des fleurs morne
et vide. Ce n'était pas tout à fait l'hiver cependant.

Il remonta chez lui, prit un morceau de craie
et inscrivit ceci sur son mur : « On bombarde
Paris... les fleurs n'arrivent plus ! »

Puis il se tua d'un coup de couteau.

. . . .

. . . .

— Hé donc, monsieur, à quoi pensez-vous !
disait l'hôtesse. Voici ben déjà demi-heure que
votre omelette fraidit !

UN POETE QUI FAIT SON PAIN.

Gustave Mathieu, peut-être ne l'ignorez-vous
point, était un vrai poète, qui n'a laissé qu'un
seul livre, mais un beau livre, par exemple !
plein de vers chantants comme l'eau des sources
et transparents comme le miel qui coule des
chênes virgiliens. Car, pour son amour attendri
de la nature, Mathieu avait du Virgile en lui,
et il avait aussi du La Fontaine, notant un à un
les mille petits bruits qui font la grande harmonie des champs, l'infinie variété de parfums
qui composent l'haleine des bois, et les reflets
dorés et nacrés qui donnent à un ciel sa signification printanière ou automnale. « Le poète
comme le peintre, disait-il, doit, dans ses tableaux, marquer exactement le moment du
jour et la saison de l'année ; il faut faire fleurir
le liseron à son heure et siffler le merle à son

mois ; faute de cela, les plus admirables vers
ne valent rien ou pas grand'chose. » Son livre,
en plus, possède le mérite rare de ressembler à
celui qui l'a fait. Après l'avoir lu, quelqu'un qui
n'aurait jamais vu Mathieu se le figurera aisé-
ment : droit, campé dans sa petite taille, le
feutre de côté, l'œil vif, la barbe en pointe et
blanchissante, avec les allures et les goûts,
quoique enragé républicain, d'un poète gentilhomme d'autrefois ayant en guise de gentil-
hommière une maison de paysan basse et
blanche où les amis s'attardaient volontiers
pour boire de vieux vins et réciter des rimes
nouvelles entre deux tempêtes politiques.

Les bons souvenirs que m'a laissés une visite
à cette maison de Bois-le-Roi !

Après deux petites heures de chemin de fer,
passées à regarder les hameaux et les fermes,
les cheminées d'usine et les ponts, les rangées
de peupliers indiquant la rivière et les lignes
de maigres ormeaux signalant l'ancienne route
royale, à travers le nuage de vapeur d'eau et de
fumée rabattu aux portières par la course folle
du train, je m'étais laissé déposer dans une
accueillante gare rurale, à quelques dix minutes du village.

Un chemin creux bordé de sureaux et de
pruneliers, une plaine alors en moisson, sans
un arbre et sans un nuage ; et bientôt, avec les
premières maisons, j'apercevais Mathieu faisant
les grands bras, effrayant les coqs, réveillant

des éclats de sa voix les champs assoupis sous
le soleil et la ruelle solitaire. — « Te voilà,
traînard ! Parisien !... On allait déjeuner sans
toi. » Dans le rez-de-chaussée clair, égayé de
faïences peintes, au beau milieu d'une nappe
rude sentant bon encore la bonne odeur des
lessives séchées sur l'herbe, une omelette fumante attendait. Évidemment Mathieu, qui travaillait l'astronomie et gardait de ses voyages,
vrais ou faux, d'innocentes manies d'ancien
marin, avait dû me guetter de loin, du haut de
son toit, avec sa longue-vue.

Le déjeuner ne fut pas long. En proie à je ne
sais quelle impatience enfantine, Mathieu mettait les morceaux doubles et les donnait triples
à son chien. Il me pressait, feignait de gronder
sa femme, et terrifiait son neveu Goulabonbon,
un gamin de douze ans qu'il avait adopté, par
les interrogations les plus comiquement sévères : « Goula, réponds-moi, as-tu battu le sol
de l'aire ?... Le moulin marche-t-il ?... Peut-on
compter sur le blutoir ?... As-tu préparé les
faucilles, Goula ? ». Le dessert à peine enlevé, le
café avalé brûlant, il fallut suivre au jardin Mathieu et Goula qui, gravement, quittaient la
veste et se retroussaient les manches.

C'était un jardin de village — tous se ressemblent : — quelques roses sur des rosiers en
train de redevenir buissons, deux ou trois
poiriers, des légumes, et une vigne courant
en espalier le long du mur de pierre par-

dessus lequel, sans trop se hausser, on voit la plaine. Dans ce jardin un carré de froment, large à peine comme un drap de lit, m'étonna. — « Mon champ ! me dit Mathieu. C'est aujourd'hui qu'on le moissonne. » Il s'extasiait, me faisant remarquer la lourdeur de l'épi incliné sur la tige, prenant les barbes à pleine main, et, comme je me permettais de sourire : — « Ne plaisante pas, c'est un vrai champ : l'autre matin encore deux alouettes s'y sont trompées. »

Quelle fête ! Mathieu coupa son blé lui-même, ce qui lui prit bien un bon quart-d'heure. Puis Goula le dépiqua sur l'aire, une aire d'un mètre pour le moins, sonore et consciencieusement battue. Puis il s'agit de vanner le blé au vent : et il fallait voir de quel sérieux, Mathieu, levant son doigt mouillé, cherchait d'où venait la brise.

Mathieu possédait un moulin : deux pierres roulant l'une sur l'autre, ancien moulin à sel acheté n'importe où, grâce auquel, en moins de temps qu'il n'en faut pour le dire, le blé superbe, doux à la main, net et lourd comme des grains d'or, fut moulu et transformé en blanche farine. Farine, on le bluta à l'aide d'un tamis de crin. Mais ceci se passa dans l'intérieur de la maison, et Mathieu retenait son haleine, comme le pauvre paysan dont Janin nous conta l'histoire, souriant, mais au fond très ému, de peur de faire envoler un atome de la fine poussière nourricière.

On cogne à la porte : — « Le levain ! » Une voisine apportait dans un chiffon un petit morceau de pâte aigrie. Il y avait de l'eau tiède sur le feu. Après avoir été moissonneur et meunier, le bon Mathieu, poudré de la tête aux pieds, devint mitron, et ne se tint pour satisfait que lorsque, dans un vieux tiroir qui servit de pétrin, la fournée future fut couchée : — « Maintenant, les amis, allons faire un petit tour au bois ; il faut que la pâte lève, et nous ne pourrons pas enfourner avant ce soir. »

Pendant la promenade, il fallut subir, ce qui d'ailleurs n'avait rien d'ennuyeux, un cours complet d'agriculture. Mathieu me dit en grand détail et ses labours et ses semailles, sa lutte ardente contre les vers blancs et les taupes, ses angoisses par les gelées, sa joie, aux premiers beaux soleils de fin d'hiver, de voir les petites aiguilles d'un vert tendre pointer à travers la neige insensiblement abaissée, et comment un lapin, abusant d'une brèche de la muraille, était venu exercer d'affreux ravages dans les jeunes pousses, et comment encore, un jour d'orage, tandis qu'on sonnait au clocher pour éloigner la grêle, il s'était installé, lui Mathieu, près de son champ, avec un immense parapluie rouge pour l'abriter au cas où la grêle tomberait.

Mathieu me contait tout cela, en ayant l'air de se railler.

Mais le soir, au dîner, quand sur la table apparurent deux miches dorées et chaudes encore :

— « Je le répétais toujours à Pierre Dupont : un homme n'est vraiment heureux que lorsque, au moins une fois par an, il peut faire son pain lui-même. »

Et Mathieu, doucement ému d'avoir ce jour-là fait son pain, eut comme une larme de joie dans le coin de son œil ridé.

LES POMPONNET.

Connaissez-vous l'horrible histoire des époux Pomponnet, victimes de la peinture, hélas! bien qu'habitant loin des parages où la peinture sévit d'ordinaire, à deux heures environ de Paris, dans un adorable village qui n'est qu'une ligne de maisons blanches entre la forêt de Sénart touffue et verte et la Seine aux bords dormants, piqués de joncs et fleuris de lis d'eau.

Les époux Pomponnet, marchands épiciers, vivaient tranquilles. Leur boutique, ornement de l'unique rue, était propre et achalandée. On lisait sur la devanture : *Café moulu par M. Pomponnet* — et le pays n'ignorait point qu'il avait été brûlé par madame. Aussi, à cinq lieues à la ronde, les ménagères ne voulaient-elles que de ce café-là. Les tiroirs bien pleins regorgeaient; les bocaux s'alignaient en bel ordre ; sur le comptoir net comme un miroir reluisait le cuivre des balances. Parfois, une mouche inquiétait, bourdonnant au plafond et semant çà et là ses mouchetures ; mais elle finissait toujours par s'engluer les pattes et mourir sur les pipes en sucre rouge, régal favori des gamins.

Les époux Pomponnet avaient un voisin bizarre. C'était un homme bilieux et sec, avec un soupçon de moustache et de barbiche, correctement mis, parlant peu, et ne saluant que qui le saluait. Il vivait seul, ne voisinait pas ; on l'accusait vaguement de se livrer à la peinture.

Par-dessus une clôture mitoyenne, les époux Pomponnet le voyaient tous les soirs se promener dans son jardin, un tout petit jardin bourgeois, planté de haies de groseillers et fermé de murs où grimpaient des vignes. Il allait ainsi, poussant les cailloux du bout du soulier, et s'arrêtant de temps en temps pour regarder filer les nuages. Il s'arrêtait un peu plus souvent et restait plus longtemps en place par les beaux soleils couchants, quand le ciel est rouge.

D'où venait cet homme et que faisait-il? Vingt fois par-dessus la clôture les époux Pomponnet toussèrent, espérant qu'il leur parlerait. Mais l'homme ne leur parla point. Les époux Pomponnet décidèrent qu'il était fou et conçurent pour lui une sorte de compassion haineuse.

Un jour les époux Pomponnet, ayant découvert au grenier une certaine quantité de vieilles planches d'emballage, résolurent d'en construire une cabane en manière de kiosque pour des pigeons et des lapins. Le kiosque s'éleva rapidement, au coin de leur propre jardin, le long de la clôture mitoyenne. Ce kiosque était d'un goût horrible, avec une girouette à jour qui grinçait.

Les époux Pomponnet en furent ravis ; mais le voisin s'était arrêté plus d'une fois dans ses promenades pour contempler avec inquiétude cette grimaçante silhouette qui s'élevait de jour en jour, lui barrant un coin de son ciel.

Un matin, le voisin se présenta à la boutique : « Vous vous êtes bâti un bien joli kiosque, monsieur Pomponnet ! » — « N'est-ce pas qu'il est joli ? » sembla répondre Pomponnet par une expressive mimique. — « Il est joli, mais il me gêne ; ne pourriez-vous le mettre à l'autre bout de votre jardin ? » Ici la figure de Pomponnet se renfrogna. — « Rien de plus facile, puisqu'il est en planches : on n'aurait qu'à le démonter... je paierais d'ailleurs les ouvriers... et j'ajouterais au besoin quelque chose... » Madame Pomponnet, qui assistait à l'entretien, fit un geste dédaigneux et digne. — « C'est bien, ne parlons pas d'argent ; je tiendrais cependant beaucoup à voir disparaître ce kiosque .. Écoutez : une proposition de voisin, d'ami... Je suis peintre, enlevez le kiosque, et je vous fais votre portrait à tous les deux. » Les époux Pomponnet refusèrent, alléguant qu'ils avaient déjà leurs photographies ; et l'affreux kiosque demeura, déshonorant le ciel du voisin.

Après quelques années, le voisin mourut, et les époux Pomponnet apprirent par leur journal qu'il s'appelait Eugène Delacroix et que c'était un très grand peintre.

La chose, d'abord, les toucha peu.

Mais un paysagiste entré dans la boutique, boîte et parasol sur le dos, pour acheter de la ficelle, et à qui ils contèrent l'histoire du kiosque, leur ayant assuré qu'ils avaient fait là une sottise, et que deux portraits de Delacroix valaient au moins vingt mille francs pour le moins, les époux Pomponnet, pris d'amers regrets, conçurent contre ce Delacroix, qui ne les avait pas avertis, une fureur sourde.

A partir de ce jour, leur existence est empoisonnée. Vainement le café se vend, vainement les écus s'entassent ; à leur fortune, qui est belle, toujours quelque chose manquera : les vingt mille francs envolés et qu'aucune puissance humaine ne peut leur rendre. Eux, si gais jadis, ils passent maintenant des journées entières dans la tristesse, songeant à cela, et se disputant :

— « C'est toi, te dis-je, qui n'as pas voulu... »

— « J'allais accepter quand tu m'as fait signe ! »

Un jour même ils se sont battus !

Ce jour-là, madame Pomponnet démolit le kiosque, et Pomponnet, qui s'est mis à boire depuis l'événement, alla à l'auberge, et, quand il fut abominablement ivre, traita Delacroix de voleur.

LE DIEU MICHEL.

Mon ami Alpinien, dont certainement vous connaissez les livres, est un romancier de grand talent, fier de sa race paysanne et fort amoureux des choses rustiques. Il habite les champs le plus qu'il peut, c'est-à-dire qu'il habite vers Bellevue, cherchant comme tant d'autres à trouver pas bien loin de Paris l'illusion du pays natal, et particulièrement heureux quand une rafale un peu rude imprime aux châtaigniers mi-civilisés de Clamart ou de Meudon les attitudes révoltées des vieux châtaigniers de montagne, ou quand le ruissellement d'un rayon de soleil bien clair sur les flancs excoriés d'une sablonnière vient lui rappeler les éboulis pierreux et les escarpements de ses vallées.

Mon ami Alpinien a un chien-loup, bête affectueuse, mais hérissée, d'aspect féroce et malheureux, qui porte en souvenir de ses origines le nom terrifiant de Rattaz. Alpinien possède également trois fillettes, fleurs d'Orient écloses au pays des lilas, charmantes sous leurs cheveux bouclés, avec des yeux profonds nuancés de malice et de mélancolie. La cadette s'appelle Sarah, mais on l'appelle aussi *Ranou* et ce bizarre diminutif va bien à ses grands airs de petite princesse indienne. Pourtant quelqu'un, la maman, je crois, fit un jour à table cette remarque : « — Voici que Ranou entre dans ses dix ans, Ranou n'est pas un nom de grande personne et tournerait au sobriquet. A partir d'aujourd'hui plus de Ranou : c'est Sarah, mademoiselle Sarah qu'il faudra dire. » Et Sarah ou Ranou de sa voix timide : « — Il y a aussi le pauvre Rattaz qu'on pourrait à présent appeler Tom... »

Cette subtile éclosion d'esprit, cette précocité dans l'observation, communes aux trois sœurs, font que mon ami Alpinien, fort sagement et plus tôt que les papas n'en ont coutume, s'est préoccupé des idées religieuses ou non à fourrer dans leurs petites têtes. Républicain, il veut en faire des républicaines et prend son avance pour cela.

« — Vois-tu, me disait-il l'autre jour tandis que nous causions ensemble à travers bois, vois-tu qu'un prêtre vienne m'enlever ma nichée ? leur enseigner que je suis, moi leur père, un mécréant damné, leur faire mépriser les champs, le soleil, la vie, la beauté, tout ce que j'aime, et préférer à ces gazons verts piqués de muguets, où leurs mollets roses paraissent plus roses, les fleurs en papier découpé qui fleurissent aux pieds des Notre-Dame de la Salette et de Lourdes, des Miraculeuses et des Immaculées ! »

Alpinien était magnifique d'indignation ; les petites, la jupe troussée en queue de friquet, couraient dans l'herbe, joyeusement, comme de vraies païennes que ne gêne pas, mais pas du tout, la souillure du péché originel et qui n'ont jamais réfléchi sur le dogme peu régalant de l'éternité des peines.

Un incident vint troubler la fête : Ranou éprise d'imprévu trouva plaisant de tremper les pieds dans l'eau boueuse d'une ornière. Puis, sans qu'aucun raisonnement humain fût capable de lui faire comprendre la criminalité d'un tel acte, elle se déclara prête à recommencer, soutenant que ses bottines avaient chaud. « C'est bien, dit le père d'un air grave, c'est très bien, Ranou, tu es libre ; seulement je t'avertis qu'en mouillant encore tes bottines tu feras de la peine à Michel. » L'intervention de Michel décida Ranou qui, soudain renonça à son caprice.

Ce Michel tenait dans la maison de mon ami une place considérable ; on l'invoquait à propos de tout, on expliquait par lui toutes choses : « — Si vous n'êtes pas sages, nous le dirons à Michel ! » Ou bien encore : « Michel sera con-

tent, puisque les leçons ont été bien apprises. »
Je voulus savoir ce qu'était Michel, peut-être
quelque ami, un parent de province à l'opinion
de qui les enfants tenaient.

« — Tu n'y es pas, me dit Alpinien : ceci fait
partie de mon système. Michel n'a jamais existé.
Michel est un être chimérique et j'en suis même
à me demander pourquoi je lui ai choisi ce nom
de Michel. Comprends bien : jusqu'à quinze ans
je ne veux laisser pénétrer dans le cerveau de
mes fillettes aucune des superstitions qui plus
tard fleurissent en mauvaises herbes. Pas d'histoire sainte, encore moins de catéchisme ! Une
fois grandes et développées en liberté, elles se
feront leur foi à leur guise. En attendant, j'ai
inventé Michel, et Michel a cela de bon qu'il
me dispense de leur parler du Père Éternel. —
Mais, malheureux ami, m'écriai-je, c'est tout
simplement un dieu nouveau, le dieu Michel !
que tu inventes. — Tu crois ? — Quelle folie,
quelle imprudence, quand nous avons déjà tant
de dieux ! — Que veux-tu, reprit Alpinien essayant, non sans lâcheté, de plaider les circons-
tances atténuantes, je n'avais pas réfléchi à
cela. On se croit libre, dégagé, et puis tout à
coup des impressions d'enfance vous reviennent.
D'ailleurs mon dieu, puisque dieu il y a, n'est pas
un Dieu comme les autres, c'est un dieu paterne,
un dieu brave homme, un dieu sans diable et sans
enfer, qui règne par la seule bonté, le dieu Michel
enfin dont le nom rassure. — Je ne me fie pas

au dieu Michel ! Les dieux sont un peu comme les rois, tout sucre et tout miel quand ils commencent. Mais laisse faire ton Michel et d'ici à peu tu verras. Je te parie qu'avant un an tu lui auras adjoint un diable ; c'est nécessaire à l'équilibre, un diable est le Sénat de Dieu. Derrière le diable viendront des prêtres qui feront trafic d'indulgences et battront monnaie avec l'enfer. Michel s'enrichira, Michel aura des couvents et des temples, Michel alors deviendra tyrannique et peut-être un jour, au nom de Michel et en ton nom (car, si Michel est dieu, tu es incontestablement son prophète), les bûchers se relèveront et le vent, dans des tourbillons de noire fumée sentant la grillade d'hérétique, promènera sur les champs en fleurs le cri des villes épouvantées. »

Mon ami Alpinien baissait la tête, ayant comme une vision de son crime. Après un moment de silence il appela ses trois gamines :

— Grande nouvelle, Michel est mort !

— Pauvre Michel !... soupira Ranou.

Et le dieu Michel, expiré prématurément, n'eut pas d'autre oraison funèbre.

CHEZ DINOCHAU.

Voici trois mois que M. Sénez promet de l'argent à sa table d'hôte. L'hôtelier commence à se crisper. Il ne fait pas encore de scène, l'hôtelier ; mais quels regards froids ! quel amer sourire ! et comme M. Sénez se sent coupable chaque fois que, le dîner fini, il doit repasser devant le comptoir !

Le comptoir, le *zinc*, l'affreux *zinc*, comme ils disent, muette, mais redoutable interrogation...

Hier soir, on a été vraiment très poli avec M. Sénez, d'une politesse exquise, c'est le mot, et M. Sénez s'est dit, sachant que le temps trop bleu annonce l'orage :

— Sérieusement, demain, il faudra que je pense à payer çà.

Demain est venu, et M. Sénez n'a rien payé encore. Cependant, l'heure du dîner approche ;

M. Sénez se trouve inquiet. M. Sénez cherche un ami ; point d'ami ! M. Sénez retourne sens dessus dessous ses petites poches, avec le fol espoir d'y retrouver, cachée, quelque piécette d'autrefois ; point de piécette ! Et, dans ce joyeux ciel de printemps, aucun vol de cailles rôties !...

— Je ferais peut-être bien, rumine M. Sénez, de retourner encore une fois à la table d'hôte... Encore une fois, la dernière... Qu'est-ce que je risque, après tout ? On ne me demandera jamais mon compte qu'après le dîner... Et puis il y aura beaucoup de monde, des amis à moi... Qui sait ? ils demanderont des vins fins... Edouard (c'est le petit nom du cabaretier), Edouard sera de bonne humeur, et je passerai inaperçu dans la foule !

Monsieur Sénez se hasarde :

— Bonjour, Edouard ! fait-il en passant.

— Bonjour, bonjour, monsieur Sénez !

Et M. Sénez, rassuré, traverse la boutique comme une ombre, grimpe l'escalier quatre à quatre, et se précipite plutôt qu'il n'entre dans la salle où l'on va dîner.

Horreur ! Personne encore, la salle vide : que veut dire ceci ? pense M. Sénez.

Est-ce donc là cette foule espérée, ces amis bruyants de tous les soirs ? et ces vins fins, miraculeux, qui disposent les cabaretiers à la clémence ?

Personne !

Et sous les becs de gaz, dont la flamme est à

peine relevée. la grande table blanche brille
tristement, sans plats fumants et sans bouteille,
comme la dalle de marbre d'un tombeau.

— Où diable sont-ils tous? murmure M. Sénez,
effaré au milieu de cette solitude, et qui, vaguement, se voit perdu.

Où ils sont tous ? Mais, malheureux, vous
oubliez donc que voici le premier dimanche de
mai ! Ils sont tous où est le printemps : à Bure,
à Chaville, à Cernay, à Montmorency, aux
quatre coins du monde, partout où il y a
du muguet et des jacinthes dans la mousse,
et partout où l'herbe nouvelle essaye de recou-
vrir les feuilles tombées de l'automne dernier.

Où ils sont tous, monsieur Sénez ?

Regardez, en voilà deux là-bas qui naviguent
dans les parages de Saint-Cloud. Comme ils rament, bon Dieu ! comme ils rament ! La Seine
est d'or au soleil couchant ; les saules du bord
envoient une bonne odeur de miel amer au passage ; eux se hâtent joyeusement, avec leur canot de carton, — qu'ils vont, en débarquant
emporter sous le bras, — vers un petit port,
bordé de restaurants peinturlurés, et qui sent
la friture.

D'autres, du côté de la ferme aux Bruyères,
s'installent sous une tonnelle, et chantent pour
s'ouvrir l'appétit.

On pêche à la grenouille.

On joue du mirliton.

On moissonne les fleurs à brassées.

Et, joyeuse fuite en Égypte, dans l'allée la plus sombre du bois, deux amoureux que vous connaissez, poussent gravement avec une branche d'osier coupée aux étangs de Villebon, un âne qui porte une dame...

Ils sont tous où l'on est le premier dimanche de mai !

— S'il en venait au moins un ! soupire le pauvre M. Sénez, dont ces riantes images exaspèrent encore l'appétit ; s'il en venait au moins un !... Pour deux, peut-être Edouard monterait le potage.

Mais le temps passe, sept heures et demie sonnent, personne n'arrive, et le potage s'obstine à ne pas monter.

Alors M. Sénez prend une résolution désespérée. Révolté à la fin, il ordonne à son estomac de se taire, il cueille — ô ironie ! — il cueille, pour avoir l'air gai, dans la jardinière de l'escalier, un brin de lilas qu'il met à sa boutonnière et descend.

— Vous vous en allez donc, monsieur Sénez ? demande l'hôtelier narquois du haut de son comptoir.

Et M. Sénez répond d'un petit ton dégagé :

— Mon Dieu, oui ! C'est triste comme tout, là-haut. Je n'ai pas envie de dîner seul.

MITHRIDATE OU L'ALCOOLISME.

Je m'aperçus, à ne plus conserver un doute,
que mon vieux professeur était abominablement gris. La chose lui arrivait souvent en carnaval, et souvent aussi dans la saison des dîners
de thèse. D'ordinaire il avait l'ivresse docte et
gaie, débordante en discours au milieu desquels des citations latines bien choisies, verse-
lets de Martial ou strophes d'Horace, brillaient
comme de tendres fleurs sur la verdure d'une
prairie. Mais cette fois le bonhomme me parut
triste. Un chagrin plissait son front chauve, et
de ses petits yeux aux coins ridés et bridés, de-
meurés enfantins sous la broussaille des sourcils
blanchissants, une larme descendait par lents
soubresauts vers le verre d'absinthe matinale.
Peut-être songeait-il à sa belle jeunesse, à tant
de triomphes, d'espérances, à cette vie heureu

sement commencée et terminée ainsi misérablement en bohémien de la rive gauche qui. pour vivre, vend un peu de science au rabais à des étudiants de vingtième année. Peut-être... Tout à coup, relevant la tête, et saisissant au vol ma muette interrogation, il soupira :

— Vous savez ? Mithridate est mort.

— Mithridate... Quel Mithridate ? répondis-je en cherchant dans mes souvenirs si, parmi les compagnons de jeunesse égrenés en route, quelqu'un au Quartier n'avait pas porté ce surnom étrange de Mithridate.

— Eh ! parbleu, le grand Mithridate dont le nom veut dire « présent du soleil », Mithridate qui domina du Caucase aux bouches du Danube, conquit le Bosphore cimmérien, la Galatie, la Phrygie et la Cappadoce, souleva l'Asie-Mineure contre les Romains, fit égorger cent mille chevaliers publicains et marchands d'esclaves, prit l'Archipel, lutta contre Sylla et Lucullus, et qui, vaincu enfin par Pompée, allait se proclamer roi des Scythes lorsqu'il fut livré en trahison par Pharnace, son propre fils. Il avait lui-même, tout jeune il est vrai, tué son tuteur et sa mère. Mais, à part cela, quel homme aimable et quel souverain éclairé que l'héroïque époux de Monime : ami des arts, grand voyageur, parlant, dit-on, vingt-deux langues, épris surtout des lettres grecques et le premier numismate de son temps...

— En effet ! il est mort, voici plus de deux

mille ans ; c'est déplorable! mais qu'y faire ?

Et redoutant que mon interlocuteur ne continuât à me réciter ainsi le dictionnaire de Larousse, avec un lâche et vague espoir de le désarmer en flattant sa manie je me hâtai d'ajouter, comme à un examen de baccalauréat :

— Habitué dès l'enfance à braver les toxiques les plus violents, vainement Mithridate essaya de s'empoisonner ; il dut se faire tuer par un soldat gaulois afin de ne pas tomber vivant aux mains de ses ennemis.

— Bien ! fit le professeur, très bien, jeune homme !

J'espérais déjà lui échapper ; mais, m'agrippant de sa main sèche, confidentiellement il ajouta :

— Tout cela, au fond n'a rien de vrai ; Mithridate est mort ce matin, dans mes bras, rue Monsieur-le-Prince...

Intéressé, je me rassis :

— Oui ! rue Monsieur-le-Prince ; voici l'histoire : je me doutais bien, et depuis longtemps, que Mithridate vivait. Près d'Odessa, où j'ai fait jadis une éducation, on m'avait montré un roc énorme, battu par les flots de l'Euxin, qui s'appelle le trône de Mithridate. Dans le cœur du roc était une grotte, une grotte mystérieuse, pareille au souterrain de Barberousse où, le glaive en main, tiare en tête, gardé par son Gaulois fidèle, Mithridate attendait, assis au milieu de ses trésors. Tous les gens du pays le

savaient, mais nos érudits affectent d'ignorer
ces choses. Mithridate devait se réveiller un
jour pour recommencer de grandes guerres.
Aussi n'ai-je été que relativement surpris hier
soir sur les onze heures en me rencontrant tout
à coup nez à nez avec lui sur le boulevard Saint-
Michel.

— Vous aviez soupé ?

— Oui ! chez un élève... Superbe, Mithridate
avec ses longs cheveux, sa barbe blanche, son
manteau de pourpre tyrienne et ses riches
armes ciselées où les perles s'incrustent dans
l'or !... Je l'ai reconnu tout de suite, et lui aussi
m'a reconnu...

Là-dessus, l'érudit ivrogne s'attendrit encore,
et je vis le moment où les sanglots allaient l'empêcher de continuer son récit.

Il reprit pourtant :

— Quelle soirée ! quelle nuit charmante,
inoubliable ! *Albo notanda lapillo*, nuit blanche
à marquer d'une pierre blanche. A cause du
bal masqué, les cafés étaient restés ouverts.

— Parions que vous avez grisé Mithridate !

— Bien sans le vouloir : en nous promenant,
en causant de lettres, de vieilles médailles. Mais
ces hommes de l'antiquité n'ont pas pour un
sou d'estomac. A deux heures, après quelques
malheureux verres de bière, le grand Mithridate trébuchait déjà. A trois heures, les grogs
et les liqueurs fines aidant, il se trouvait visi-
blement malade. Nous voulions le mettre en

voiture ; mais il voulut nous suivre, il s'obstina, par noble orgueil royal, pour ne pas paraître inférieur à sa renommée. — « Que peuvent faire vos bitters, et vos punchs, et vos absinthes, et vos chartreuses, à moi qui ai su braver les brûlants poisons de Colchide ? » Mithridate avait tort ; car, à l'aurore, racontant des apparitions étranges, croyant voir, sur les quatre murs de l'établissement où nous prenions le dernier petit verre, passer des éléphants, des légions romaines et des tigres, Mithridate mourait empoisonné.

Et le vieux professeur, avec une expression singulière, mêlée de compassion et d'ironie, se replongea dans son rêve en murmurant :

— On n'avait pourtant pas fait d'excès... on n'avait bu que ce qu'on peut boire... Nuit modeste pour un Parisien... Mais Mithridate n'était pas à la hauteur... Pauvre Mithridate !

A BORD D'UN BATEAU DE CHARBON.

Nous voulions fonder un journal, et *renverser l'Empire!* il manquait juste 300 francs pour ça!

Le grand Cassemiche dit : — Trois cents francs, c'est peu ; on tâchera de les trouver tout de même. Puis s'adressant à moi : — N'avez-vous pas quelque part en province une maison et un oncle? — Je les ai! — La maison... solide? — Hum! un peu croulante. — Diantre!... Et l'oncle? — Oh! solide en diable! — Sapristi!... Bah! nous dirons que la maison est solide et que l'oncle menace ruine ; ce ne sera mentir qu'à moitié.

Là-dessus, Cassemiche m'amena chez un vieux monsieur d'aspect à la fois canaille et vénérable, avec une bonne face avenante entre deux grands coquins de favoris jaunes qui faisaient frémir.

Le vieux monsieur ne pouvait rien pour nous ; mais il connaissait une personne, et cette personne peut-être... Bref ! prière de repasser le lendemain.

Le lendemain, le vieux monsieur avait vu *la personne* ; la personne n'était pas encore bien décidée ; pourtant, elle l'avait chargé, lui, le vieux monsieur, de nous apporter de *bonnes paroles*. Et il nous les apportait. J'aurais préféré les 300 francs !

Enfin, après huit jours de marches et de contre-marches, *la personne*, de plus en plus invisible, déclara, toujours par l'intermédiaire du vieux monsieur : — Qu'elle n'avait pas de fonds disponibles, mais qu'elle pouvait, au lieu de trois cents francs en argent vivant, me céder pour mille francs de marchandises dont on me faciliterait la revente à un bon prix.

Et n'allez pas croire qu'il s'agit d'un lot de lézards empaillés, comme dans Molière. La transaction était sérieusement commerciale ; les billets signés, je me trouvai posséder un bateau de charbon de bois amarré au troisième anneau de la deuxième arche du Pont-Marie.

Cette idée d'un bateau de charbon m'effraya d'abord. Que faire d'un bateau de charbon ? Devais-je m'établir rôtisseur de marrons par haine de la tyrannie ! Mais Cassemiche me rassura : le bateau ne me resterait sur les bras qu'une ou deux semaines tout au plus. Et puis

la possession d'un bateau de charbon en plein
Paris n'a rien de désagréable. Bien des gens s'en
trouveraient heureux On peut monter dessus,
pêcher à la ligne, rêver ! C'est un lieu de réu-
nion, un but de promenade : — Allons voir
notre bateau de charbon !

Nous le visitâmes, guidés par un Auvergnat
mystérieux, laissé là, nous dit-il, pour la *chur-
reillanche*.

Superbe d'ailleurs, ce bateau, avec son char-
gement·à double pente retenu par un haut
rempart de planchettes et de fascines. Vertes
encore, les fascines sentent le hêtre et la forêt ;
le charbon est d'un beau ton mat étoilé de cas-
sures brillantes.

Quelle joie de courir le long des plats-bords,
d'explorer hardiment, en propriétaire, la crypte
ogivale, à double ouverture, qui s'enfonce sous
le charbon et traverse le bateau dans sa largeur : « La cabine ! nous avons le droit de
coucher dans la cabine ! » Et comme on est bien
là, dans le vent de l'arche, sous les peupliers
surplombants du quai !

C'est, en plein Paris, une oasis dont le silence
n'est troublé que par le passage intermittent
des bateaux, les querelles des moineaux, ou le
cri du pêcheur qui voit l'ablette argentée et
blanche se débattre un instant au bout de sa
ligne, puis retomber dans l'eau, décrochée, préférant sans doute la rivière fraîche et la joie de

vivre à la gloire d'illuminer de son orient une demi-douzaine de perles fausses.

Nus et bronzés, une longue écope à la main, de braves gens tirent du sable.

Plus bas, un étrange pêcheur rame à force, traînant dans le sillage de son bachot la pêche de la matinée. Quelle pêche, ô Dickens ! un long chapelet de chiens morts.

Et les toutous qu'on savonne.

Et les soldats à la baignade.

Et les chevaux d'un cirque que l'écuyer fait trotter en rond dans l'eau, à coups de chambrière, au bout d'une longe, car ils ne veulent se baigner qu'ainsi, tant est grande chez ces animaux savants la force de l'habitude.

Parole d'honneur ! vu ainsi d'en bas, avec sa double ligne de maisons et de monuments, ses enchevêtrements de toits et de tours, ses quais, ses bas-ports, la majesté solide de ses ponts de pierre et la grâce légère de ses ponts de fonte et de fer, Paris, sous le soleil qui crible la Seine de paillettes d'or, apparaît comme une Venise.

Dans le quartier Latin, notre aventure avait fait du bruit. Tout le monde savait que nous possédions un bateau de charbon et que le *Journal* allait paraître.

Quelques amis vinrent nous voir; on nous apportait des articles sur le bateau. Le bateau. d'ailleurs, prenait de plus en plus l'aspect d'un cabinet de rédaction. Cassemiche avait fait installer sur l'arrière qui formait terrasse, une

table, des chaises, un litre de vermouth, des
verres. On écrivait dans la cabine.

En attendant la vente qui ne pouvait tarder,
l'Auvergnat mystérieux, l'homme de la *chur-
veillanche*, daignait obligeamment nous avancer
quelques écus. Un trésor, cet Auvergnat!
Cassemiche rêvait d'en faire le gérant.

Cette existence dura quinze jours. Enfin, une
missive du vieux monsieur à favoris jaunes nous
annonça que la vente était conclue à trois cents
francs, et que, si nous acceptions, *la personne*
se présenterait le lendemain pour prendre li-
vraison du bateau et compter les espèces. Il
y avait toujours une *personne* dans les lettres
du vieux monsieur.

Sûrs d'avoir nos trois cents francs à l'aurore,
nous décrétâmes un souper à bord, un souper
d'inauguration. Cela lancerait le journal; et
puis on n'a pas un local pareil tous les jours, il
s'agissait d'en profiter. L'Auvergnat se chargeait
d'avoir des victuailles à crédit dans les environs.

Ce fut superbe. Tout le quartier Latin descendit : poètes et hommes politiques; les poètes
avec leurs maîtresses! L'air était pur, la brise
douce, les lanternes des fiacres et les becs de
gaz dansaient dans l'eau, pêle-mêle avec les
étoiles. On but, on dit des vers, on *jeta les
bases* du journal. Sur les trois heures du matin,
du haut du pont, des sergents de ville nous hé-
lèrent : « Hé! là-bas, les *bougri*, quand vous

aurez fini ? » Ils croyaient à une noce de gens
de Saint-Flour !

Enfin, quand Paris s'éveilla, réunis en groupe,
à l'arrière, sous la barre peinte du gouvernail,
solennels et noirs comme des ramoneurs dans
les brumes roses de l'aurore, nous buvions au
succès du journal, à la République !

A ce moment l'Auvergnat se montra : « Ch'est
moi que j'étais la perchonne. » Avec ce qu'il
avait avancé et les dépenses de la fête, il nous
revenait juste cinquante francs.

Le journal ne parut point ; l'Empire dura dix
ans encore...

Et, de loin en loin, une timide assignation, la
visite d'un homme d'affaires (derniers soubresauts, suprême lueur d'une créance mal éteinte)
viennent me rappeler, — non sans éveiller un
peu d'orgueil en mon âme, — que je fus, dans
un âge relativement tendre, propriétaire d'un
bateau de charbon !

LE MARCHAND DE MARRONS.

Un homme nous heurta :

« — Espèce de butor ! » fit le jeune et beau Penoutet, qui portait un chapeau Rubens.

« — Je... je ne suis pas un butor ! Je... je suis le marchand de marrons du coin de la rue Saint-Placide. »

L'homme était gris, gris et Auvergnat ! nous passâmes ; et la caravane se dirigea vers le café Charles. — Vous savez bien, le café Charles, touchant le théâtre Bobino, tout au bout de la rue de Fleurus ?

Un joli café, le café Charles, à l'époque ; une jolie rue, la rue de Fleurus. M. Haussmann (le diable guette son âme !) n'avait pas encore fait passer ses trottoirs au travers de la Pépinière. Une simple grille séparait la rue du jardin, et, fermée au couvre-feu, transformait chaque soir ce coin solitaire en impasse, de sorte que les grands platanes du Luxembourg, étendant leurs bras verts par-dessus l'or des fers de lance, versaient en plein Paris une sorte de fraicheur forestière sur les tables rondes alignées, les bocks luisants et les têtes des consommateurs.

L'homme nous suivit au café Charles. Il nous suivit de loin, timide et lent, comme quelqu'un qui voudrait bien *en être* et qui n'ose. Il avait sans doute deviné des frères, et s'était pris pour nous d'une de ces affections instinctives et tenaces, spéciales aux chiens perdus et aux ivrognes incompris qui, tout à coup, se sentent douloureusement seuls au milieu des foules d'une grande ville.

Debout sur le trottoir d'en face, bleu sous le gaz dans son costume de velours bleu, il regardait. Cela faisait peine ! Penoutet dit : « Si nous invitions le marchand de marrons ? » Le marchand de marrons retira avec politesse son grand chapeau couleur de charbon de bois, s'approcha, regarda un instant la compagnie, puis, découvrant subitement, dans le fourré de crins noirs qui lui servait de barbe, un large sourire pavé de dents blanches, il murmura d'un ton à la fois joyeux et confidentiel : « Vous ne savez pas ? je suis le marchand de marrons du coin de la rue Saint-Placide ? »

On le fit asseoir, on le fit taire, et, la bière arrivant, on l'oublia.

Vers les dix heures, Marc-Antoine, notre

ami Marc-Antoine, proposa un punch chez lui,
dans son atelier. Il était peintre, Marc-Antoine !
et dessinait des saints pour vitraux. Je l'ai vu,
étant pressé, prendre un bout de fusain de
chaque main, et, sur deux châssis préparés, descendre d'un coup (c'était son mot), sans oublier
un pli, sans se tromper d'un ornement, deux
abbés mitrés de huit pieds, au grand complet,
l'un onzième, l'autre quinzième siècle. Cette
dextérité à traiter les sujets religieux permettait au gaillard de s'offrir journellement, et
d'offrir à ses amis toutes sortes de joies mon-
daines. Il avait toujours dans quelque armoire
un litre de rhum, un citron, du sucre. Les jaloux l'appelaient le *bondieuzard*.

Nous marchâmes donc sur la rue Notre-
Dame-des-Champs, où se trouvait l'atelier de
Marc-Antoine. L'atelier était fort meublé et
ressemblait à une sacristie. Des crosses, des
calices, des ostensoirs ; de grands missels au dos
gaufré ; des chasubles, avec des broderies d'argent et d'or d'un doigt d'épaisseur, raides
comme des élytres d'immenses coléoptères ; des
bonnets carrés, des soutanes, témoignaient des
tendances artistiques du maître. Au milieu de
ces édifiantes reliques, le buste de Marat jurait
un peu. Que voulez-vous ? chacun a ses petites
faiblesses : Marc-Antoine était fou de Marat.
On alluma le punch, on le ralluma ; et je vois
encore mille petites flammes danser éperdu-
ment, violettes et bleues, dans les cristaux en

chapelets d'un lustre d'église accroché au plafond.

Soudain Marc-Antoine, toujours préoccupé
de son art, s'écria : « — Nom d'un chien ! le
beau Saint-François que ça ferait ! » Et il montrait l'Auvergnat qui, fidèle à notre fortune,
nous avait suivi et, seul dans un coin, se ver-
sait du punch sur la barbe. — « Passez-moi le
froc ! » Justement un froc, loué la veille pour le
modèle, pendait à la corne d'un chevalet. En un
clin d'œil, la bure eut remplacé le velours bleu
blanchissant aux coudes, et les sandales monas-
tiques les lourds souliers ferrés de clous en
pointe de diamant. « — Je suis... » soupirait
l'Auvergnat, un peu troublé. — Oui ! nous com-
mençons à le savoir : tu es le marchand de marrons du coin de la rue Saint-Placide... Mais
non, là ! fait-il assez la blague d'un vrai capucin, cet animal ! »

Positivement, avec sa longue barbe, son sourire candide et ses yeux embroussaillés, il
aurait eu bonne grâce pour marquer la pluie et
le temps clair sur la planchette d'un baromètre.
Seuls les cheveux drus et droits tout autour de
la tête, comme les buis du mont Cantal, déton-
naient dans l'harmonie monacale de l'ensemble.

« — Quel dommage, insinua quelqu'un, qu'il
ne soit par tondu en couronne ! »

L'observation parut juste ; nous le tondîmes
en couronne ! La métamorphose était complète, et M. Rouher lui-même aurait eu peine

à reconnaître l'Auvergnat sous le capucin.

« — Allons à Bullier ! »

A cette proposition, le capucin ne répondit rien ; mais ses pieds, nus sous les lanières de cuir, esquissèrent un pas de bourrée. Par malheur, une consigne injuste nous ferma l'entrée de Bullier. Nous nous répandîmes alors, escortés de l'étonnement sympathique des populations, dans divers cafés et brasseries. Le quartier latin admira. On nous vit au *Cochon fidèle*, alors dans sa fleur ; à la *Salamandre*, bâtie sur les ruines du palais d'amour de François Ier ; à l'*Académie*, où les quarante fauteuils sont remplacés par quarante tonneaux cerclés de cuivre : on nous vit au *Trait-d'Union*, à l'*Américain*, à la *Cigarette*, établissements fantasques peuplés d'Italiennes extravagantes et de Suissesses comme la Suisse n'en a jamais connu ; on nous vit même au *Rocher magique*, dont les demoiselles de comptoir, combinant le pittoresque avec l'hygiène, s'habillaient en zouaves l'hiver et en higlanders quand revenaient les beaux jours !

Le capucin, nous le constatons à son honneur, buvait sec, mais se montrait de roc aux œillades.

Le reste de la nuit est comme voilé d'un brouillard. Je me souviens seulement que nous nous trouvâmes, au petit jour, trois dans un fiacre : le capucin, Penoutet et moi. Marc-Antoine avait disparu, égrené le long du chemin, comme les autres.

Le capucin nous embarrassait. Si encore on avait pu lui rendre ses habits ! Nous sonnâmes à la porte de Marc-Antoine, mais la concierge n'ouvrit point. Le capucin ronflait comme un orgue. Que faire de ce capucin ?

« — Une idée ! » s'écria Penoutet.

Dans la claire brume matinale, toutes les cloches des couvents sonnaient. C'était, sur Paris endormi, l'heure vibrante et blanche de matines. Penoutet heurta à une porte basse que surmontait un cœur décoré d'une croix. Un judas glissa doucement ; des fragments de dialogue m'arrivèrent ; « Père capucin rencontré dans des états !... en train de déshonorer sa robe... Ne savait plus où était son couvent... se prétendait marchand de marrons... Pieux jeunes gens l'avaient mis en voiture pour éviter scandale... Il fallait lui donner asile... La chair est faible... brebis égarée. » Puis la porte du couvent s'ouvrit, le capucin poussé par les épaules, s'y engouffra ; et, le judas étant resté ouvert, nous entendîmes des pas qui s'éloignaient dans un corridor et une voix inquiète qui répétait obstinément : — « Je... ne suis pas une brebis égarée ; je... je suis le marchand de marrons du coin de la rue Saint-Placide. »

Comment tout cela finit-il ? Je l'ignore, aucun de la bande n'ayant osé de longtemps se hasarder dans cette rue Saint-Placide où habitait le marchand de marrons. Mais on peut imaginer le drame : le réveil dans la cellule nue, le supérieur appelé, les dénégations, les pénitences, les oubliettes même, qui sait ?

Et voilà pourquoi, conclut l'ami qui me racontait cette légende célèbre au quartier des Écoles, voilà pourquoi tu me vis devenir subitement soucieux et triste lorsque nous aperçûmes l'autre jour, en train — signe d'hiver ! — de dresser son four à griller dans l'encoignure d'une porte, le premier marchand de marrons !

MONSIEUR JÉROME.

« Monsieur Jérôme ! » On ne l'appelle pas
d'un autre nom dans le quartier. Voulez-vous
que je vous présente à « monsieur Jérôme ? »

Nous allons, s'il vous plaît, prendre par la rue
de Vaugirard, rue un peu longue mais plaisante
et pavée — c'est le mot — de souvenirs. Le
trottoir n'est pas bitumé. De loin en loin, parmi
le damier régulier des petits grès de Fontaine-
bleau, des dalles plus larges s'étalent. C'est un
reste de voie romaine, mis à jour sur place et
utilisé par les entrepreneurs. A quelques pas de
là, engagée dans le mur d'une maison, une
haute borne se dresse. Après la voie romaine,
le chemin royal ! Cette pierre, témoin muet, a
vu passer tout l'ancien temps, ses triomphes et
ses idylles : Louis XIV en carrosse d'or, les lai-

tières et les gardes-françaises de la Régence.
Un trou rond, profond comme une blessure, y
marque la place des fleurs de lys arrachées.

Allons toujours vers la barrière, et arrêtons-
nous à cette large porte, ornée, comme chez les
maréchaux-ferrants de village, d'un fer à cheval
cloué sur le bois vermoulu. Poussons la porte;
on ne se croirait pas à Paris, mais à vingt lieues.
Une cour de ferme, entourée de hangars à toit
plat; un puits au milieu, avec sa margelle usée
et son couronnement de fer contourné où pend
encore la poulie sans corde. Tout cela sec,
vieux, abandonné.

Autrefois, quand des champs étaient autour,
l'humidité tombant des feuilles ou montant des
terres remuées entretenait la fraîcheur, verdis-
sait de mousse la paroi des murs et couronnait
leur crête ébréchée d'une ligne grise d'herbes
folles. Mais Paris s'est mis à grandir. Rares d'a-
bord, perdues dans la plaine, les constructions
peu à peu se sont serrées, la bâtisse a mangé
les champs, et un jour la vieille ferme s'est
trouvée toute dépaysée au milieu d'un pâté de
maisons neuves, avec sa porte charretière ouvrant sur une rue éclairée au gaz.

La ferme proteste d'abord et se fait nourris-
serie, histoire de garder dans son étroite cour un
petit morceau de campagne. Un tableau naïf, accroché à l'entrée, représente une mère vache et
des poules grattant le fumier. Les ménagères
du voisinage viennent acheter les œufs frais

pondus et le lait fumant qu'on achève de traire.

Mais le siège tue tout cela, et maintenant un maréchal-ferrant fait ronfler sa forge et tinter son enclume sous le hangar, au fond de la vieille cour.

C'est ici que « monsieur Jérôme » habite. Le voilà justement, assis sur son train de derrière, qui regarde les passants passer, en attendant l'heure du travail. Il n'est pas beau, « monsieur Jérôme »! Figurez-vous un barbet mâtiné de griffon, non sans quelque mélange de plusieurs autres races. Il a le poil ras, jaune et blanc, et la mine un peu barbouillée, avec une tache sur l'œil gauche qui lui donnerait l'air casseur du mauvais ouvrier, sans la douceur profonde de ses prunelles bleu faïence. Beau ou non, et tel quel, « monsieur Jérôme » a conscience de sa valeur. Jérôme possède un état.

Deux heures sonnent, le maître siffle. Tranquillement, « monsieur Jérôme » va s'installer au fond de la cour, près de la forge, la queue dans les débris de mâchefer et la poussière de limaille. Le maître, du bout de sa pince, plonge un morceau de fer dans le foyer à demi éteint. Jérôme a compris : d'un saut le voilà dans la roue, une grande roue d'écureuil. Jérôme trotte, Jérôme galope, et la roue tourne, le soufflet ronfle, la houille se gonfle et rougit. Jérôme travaille ; Jérôme, avec ses quatre pattes, gagne des journées d'ouvrier de trois francs.

Aussi « monsieur Jérôme » est-il tout le long

de la rue de Vaugirard, une manière de personnage. Le boucher, la fruitière l'estiment ; affectueusement les enfants lui tirent les poils et l'oreille, et les petits apprentis à cotte et à bourgeron bleus, jaloux de ses gains et reconnaissant en lui plus qu'un confrère, le saluent avec une nuance de respect.

Jérôme malheureusement a un défaut, défaut terrible, même chez un chien : Jérôme aime à faire le lundi. Solide au poste toute la semaine, tournant la roue tant qu'on veut, de glace aux tentations et de fer à l'ouvrage ! Mais rien jusqu'à présent n'a pu lui faire entrer dans la tête que le lundi n'est pas le prolongement naturel du dimanche.

La besogne a beau presser ce jour-là, et les pratiques attendre, si la porte s'entrebâille ou que le maître tourne la tête, adieu la forge, adieu l'enclume ! Jérôme file, Jérôme est parti. Et ce sont des bordées à la barrière, des sommeils sous les tables des marchands de vin, d'interminables flâneries le long des fortifications et dans l'herbe maigre des terrains vagues, toute une journée de plaisirs malsains et de joies coupables, jusqu'à l'heure où il faut rentrer l'oreille basse, la queue effacée et le dos s'offrant de lui-même à une correction prévue.

Le patron de Jérôme, excellent homme et bon travailleur, a presque renoncé à le corriger. Il rit même de sa malice. « Que voulez-vous ? me disait-il l'autre jour, il n'y a pas de sa faute précisément, les chiens sont toujours un peu ce que sont les maîtres. Autrefois je faisais le lundi, Jérôme le faisait avec moi. Ayant pris femme et quand des enfants sont venus, j'ai perdu cette mauvaise habitude. Jérôme, lui, la garde ; il ne peut pas entrer dans ma manière de voir. » Jérôme écoutait ce discours, tranquillement, d'un air hypocrite, ayant l'air de dire : — « Dame ! quand on a pas de femme !...» Le maître ajouta : — « Allons, Jérôme ! vite à la roue, il nous reste un fer à forger. »

Mais à ce moment des cris s'élèvent, un bruit de cornets à bouquin retentit. Jérôme se dresse, frétille et se précipite dans la rue.

— « Jérôme !... ici Jérôme ! »

Mais Jérôme n'écoute pas. Jérôme suit une voiture de masques.

— « Ah ! le luron, disait le maître, comme il a la mémoire longue ! C'est aujourd'hui la mi-carême, et jadis tous les deux, en camarades, nous chômions la mi-carême volontiers. Sacré Jérôme ! Hein ? a-t-il filé ? C'est égal, l'année prochaine, quand la mi-carême reviendra, on pensera à fermer la porte ! »

ON DEMANDE DES PETITES MAINS.

Elle était haute comme une botte, le nez en l'air, les cheveux fous et pouvait avoir quatorze ans : — « Voudriez-vous me dire, monsieur, ce qu'il y a d'écrit là-dessus ? C'est un peu haut pour moi, quoique je sache lire. » Et je déchiffrai, sur un carré de papier collé à la vitre du concierge, ces deux lignes qui me firent rêver :

ON DEMANDE DES PETITES MAINS FLEURISTES
S'adresser au cinquième

— « C'est ce qu'il me faut, merci, monsieur! » fit gravement mon interlocutrice ; et, le nez en l'air, les cheveux fous, haute comme une botte, elle disparut dans l'escalier.

Le langage des ouvriers parisiens est plein de ces nuances charmantes, d'une poésie parti-

culière et trouvée, qui n'ont rien de commun
avec l'ignoble argot. *Petites mains*, — je m'en
informai — cela voulait dire les apprenties, les
toutes jeunes filles qu'on n'emploie qu'aux travaux les plus délicats. Ce sont ces petites mains-
là, vraies mains de fée filandière ! un peu
noircies au bout des doigts par la meurtrissure
du fil de fer ou le coup de bec de l'aiguille, qui
créent journellement, pour la joie de nos yeux,
tant de fragiles et mignons chefs-d'œuvre, fa-
briquant l'article Paris, fripant un nœud de ruban sur un toquet, comme nulle part au monde
on ne les frippe, ou faisant éclore, d'un bout de
papier tortillé, des fleurs aussi vivantes, aussi
réelles que celles qui, le matin, ouvrent leurs
yeux d'azur ou d'or à l'ombre des haies.

Au bout d'un an, la fillette n'avait pas grandi.
Je la rencontrais quelquefois ; nous nous con-
naissions sans nous connaître. Un jour, elle me
dit : « — Vous savez, vous m'avez porté chance ;
je suis passée ouvrière. » Elle avait maintenant
un tablier de lustrine montant jusqu'au cou qui
la faisait paraître plus gamine encore, et, sous
sa tête de mésange bleue, un faux-col droit,
haut empesé, un grand diable de faux-col à la
demoiselle de magasin, indice de fortes ambitions commerciales !

L'hiver, quand l'*article fin* presse, je la voyais
passer avec le travail de la nuit dans un immense carton vert et deux sous de marrons pour
réchauffer sa chambre.

A la belle saison, les dimanches, l'air capable
dans son faux-col, elle rapportait des fleurs des
champs par brassées. « Pour étudier, ça, monsieur ! » Car il ne faut pas croire que les fleuristes de Paris fabriquent leurs fleurs comme
ailleurs, rien qu'avec des emporte-pièce et des
moules. Elles mettent toujours un peu de leur
âme dedans ; et c'est pourquoi certains bouquets de rien du tout dégagent un parfum de pénétrante poésie et font songer invinciblement soit
à une partie de canot, quand on arrache en se
penchant des herbes flottantes et les nénuphars
sous les escarpements des berges ; soit à un déjeuner dans les bois, au temps du muguet et des
fougères ; soit à une sommeillante promenade,
quand le soleil fait rage, quand les cricris gril-
lés tambourinent et que les bluets s'alanguissent
à la lisière d'un champ de blé. On l'a fait tout en
haut d'un noir cinquième, ce bouquet ! mais on
rêvait, en le faisant, de Brunoy, de La Varenne
ou de Verrières.

Très drôle d'ailleurs, la petite fleuriste ! Toujours coquettement coiffée, elle gardait toujours
dans ses cheveux, qu'un rien ébouriffe, quelques
déchets des travaux en train : poussières de toute
couleur, rognures d'argent, brindilles d'or, débris éclatants de fleurettes. Un jour, elle apparut avec une chevelure extraordinaire et qui
lui donnait un drôle d'air : rouge de sang, rouge
de flamme ! « Voilà, dit-elle, faut pas que ça
vous étonne, c'est qu'on monte des coquelicots. »

Dans le quartier, sans trop le demander, j'avais fini par apprendre son histoire. Elle vivait seule, sa mère était morte, son père était *là-bas*, comme on dit, pour la commune. Puis ayant changé de logement, depuis plusieurs mois je n'avais plus revu ma fleuriste.

L'autre jour, en plein boulevard, je la rencontrai, à l'heure... dame ! à l'heure où se vident les ateliers, où les provinciaux buveurs d'absinthe lorgnent les femmes au passage et songent à ne pas dîner seuls ; à l'heure où la petite qui tourne mal, s'étant acheté un peigne en écaille de quinze sous, descend du faubourg pour chercher fortune.

— « Pauvre fille, déjà !... » pensai-je. Ses cheveux étaient d'un beau vert-pomme ce jour-là. Peut-on faire un métier pareil quand la guirlande et le feuillage vont et qu'on a les cheveux vert-pomme !

Attention ! les cheveux vert-pomme s'arrêtent devant une vitrine. C'est bien cela ! comme les timides, celles qui commencent, afin qu'un vieux monsieur, ralentissant le pas, leur souffle dans la nuque et roucoule : « Ma chère enfant... » Parions que cette vitrine est la vitrine d'un bijoutier.

Et je songe à la morte, au père qui est là-bas, au triste drame.

Eh bien ! non : je me trompais ; je calomniais indignement les petites mains, les cheveux vert-pomme ! Ce n'est pas devant la vitrine du

bijoutier que la fleuriste aux petites mains, aux
cheveux vert-pomme est debout immobile dans
la bousculade. C'est à côté — vous voyez l'endroit d'ici — en face de la boutique du marchand de fleurs naturelles, éblouissante et
fraîche comme un coin de sous-bois féerique,
avec ses grandes colonnes de lierre vert, ses
camélias, ses roses coupées que l'eau diamante,
ses touffes de lis, ses massifs d'azalées, ses
mousses et ses plantes vertes. Au milieu, parmi
des feuilles grasses, une fleur tropicale se
dressait, de celles qui fleurissent tous les cent
ans, pure, sculptée, vrai poème de la forme et
de la couleur, d'une harmonie éclatante et
douce comme les caprices d'un tapis de Perse ;
et, dressée sur la pointe des pieds pour mieux
voir, toute frémissante d'inspiration, la fleuriste
aux cheveux vert-pomme était là, copiant la
merveilleuse fleur, modelant le papier, tordant
le fil de fer, improvisant au milieu de la foule,
en plein trottoir, quelque chose d'éclatant et de
large comme une belle esquisse. Les petites
mains travaillaient d'après nature !

QUI VEUT FAIRE LE GENDARME?

Pourquoi l'enfant hait-il le gendarme? Pourquoi exècre-t-il le commissaire? Pourquoi enfin dans ces petits hommes au front frisé d'or, aux yeux grands ouverts, le mépris instinctif de toute autorité constituée? Faut-il croire que nous sommes nihilistes en naissant, et que le besoin d'anarchie fait le fond de la nature humaine?

Grave question qu'un philosophe ne peut manquer de se poser, sous les marronniers des Champs-Elysées, en face des baraques peintes où baragouinent au son de la harpe les Guignolets et les Guignols, quand il voit les transports de joie du parterre enfantin, les éclats de rire en fusée, les mollets roses qui se trémoussent à chaque coup de trique bien appliqué dont Polichinelle, révolté, superbe, régale M. le commissaire représentant l'ordre social. (Ce personnage du commissaire aurait été, dit-on, supprimé depuis peu par la censure ; les bébés s'en plaignent.

Des réflexions politiques de même nature se sont impérieusement dressées devant moi l'autre jour, à l'occasion d'un petit drame dont je fus témoin. Je vais raconter le drame dans sa simplicité, laissant à nos gouvernants le soin de conclure.

Voici :

Je n'ai qu'une fenêtre, mais une fenêtre qui me plaît. Elle donne sur la plus paisible, la plus endormie, la plus aimablement suburbaine des impasses. N'en disons pas le nom, de peur de faire augmenter mon loyer !

Peu de maisons dans cette impasse : deux ou trois ateliers de sculpteurs avec leurs grands vitrages au rez-de-chaussée ; une boutique de blanchisseuse ; un chantier de bois où un Auvergnat solitaire entasse des rondins tout le long du jour, et improvise sans le savoir des chefs-d'œuvre d'architecture moscovite ; puis des murs bas, percés de petites portes à loquet laissant voir, quand elles sont ouvertes, des herbes folles, des tonnelles moisies, tout l'adorable fouillis des vieux jardins à demi abandonnés ; et, par-dessus le mur, des lilas qui regardent entre une crénelure de tessons en verre vert s'il se passe en bas quelque chose de neuf.

Il y a dans l'impasse un réverbère ancien style, un chef-d'œuvre en verre de vitre et en fer-blanc travaillé à jour, qui se balance à une corde tendue au travers de la rue. Je le croyais le dernier dans Paris ; mais l'homme qui vient une fois par jour, avec une longue boîte au bras, fourbir ses réflecteurs et récurer ses verres, m'a affirmé en connaître un autre qu'il entretient aussi, très loin, du côté de Charonne. Cet homme est heureux : les deux réverbères suffisent à l'occuper ; pourtant il regrette le temps du siège, où Paris n'avait pas de gaz. Voici de beaux gars bruns, à cheveux trop longs, conduisant des femmes drapées de loques aveuglantes : ce sont des Italiens, des modèles ; puis la trottin de lablanchisseuse, toute petite à côté de son grand panier. Les moineaux du chantier : ils sont cent mille ! très commodes pour croître et multiplier les innombrables trous des piles de bois. Parfois un merle de jardin, luisant et bien nourri, se hasarde à franchir le mur, pour rien, par curiosité pure. Et quel silence ! à peine troublé, de loin en loin, dans les ateliers, par le bruit du ciseau que suit le tintement argentin des éclats de marbre qui tombent, ou par la chute sourde des lourdes bûches sur le sol, le *cuic cuic* d'un moineau, l'éclat de rire furtif d'une ouvrière, et le soupir grêle et continu de la fontaine Wallace installée là-bas, dans un coin.

Deux fois par jour, entre les classes, mon

impasse se fait bruyante. C'est l'heure où les gamins du quartier...

Mais je m'aperçois que je m'égare, et que cette description fort exacte n'a aucun rapport cependant avec ce qu'il s'agissait de raconter.

Donc, pour en revenir au style précis, je m'étais mis à la fenêtre, et, tout en fumant un cigare, je regardais les gamins du quartier s'ébattre. Ils étaient arrivés, cette après-midi-là, portant des bâtons et des sabres : tous l'air rébarbatif, le chapeau de travers, avec une plume ! On allait jouer au voleur.

Un petit voyou se présenta, en haillons, sans souliers, coiffé d'une tignasse poudreuse et sèche comme le gazon d'un terrain vague. Il voulait en être lui aussi, jouer au voleur comme les autres. Mais les autres le repoussèrent ; il était trop pauvre et trop sale : « — Non, pas Gontran ! » Et Gontran, convaincu de son indignité, s'en alla par manière de contenance essayer de boire à même, sans gobelet, au fil de cristal de la fontaine.

Cependant, la bande se distribuait les grades : « — Moi, je suis le chef... Moi, lieutenant... Moi, voleur !... Moi, voleur !... Moi, voleur !... » Ils voulaient tous être voleurs.

Un petit blondin de quatre ans, amené par son frère, et qui riait tout le temps, qui *riait aux anges*, fier sans doute de se voir admis pour la première fois à partager ces jeux guerriers, fut désigné naturellement pour le rôle sacrifié du

Voyageur. C'est lui qu'on devait voler, égorger, torturer. Le petit blondin rit encore plus ; une aussi séduisante proposition le comblait de joie.

Tout à coup, un cri s'éleva : « — Il faut un gendarme ! Qui veut faire le gendarme ? » Personne ne voulut faire le gendarme : voleur, assassin, tant qu'on voudra ; gendarme, jamais ! Le petit blondin, lui-même, protesta et déclara s'en tenir à sa situation de voyageur.

Que décider ? Il fallait un gendarme ; sans gendarme, l'existence du voleur est plate. C'est amusant, un gendarme : on lui échappe, on le surprend, on le garotte, on l'emprisonne dans la caverne. Si le gendarme n'existait pas, les voleurs, à coup sûr, l'inventeraient.

Et il n'y avait pas de gendarme !

Quelqu'un dit : « — Si nous appelions Gontran ? »

Gontran, toujours par manière de contenance, se balançait maintenant devant la fontaine, les talons au socle, renversé et tenant entre ses dents le gobelet au bout de sa chaîne tendue.

« — Hé ! Gontran ! »

Gontran s'approcha, rouge de plaisir, avec un air de chien battu qu'on rappelle. « Gontran, nous *le voulons*, si tu veux faire le gendarme. »

Gontran fut lâche et accepta.

Ne l'accusons point ; n'importe qui eût fait de même à sa place.

Mais pourquoi l'enfant hait-il le gendarme ?
Pourquoi exècre-t-il le commissaire ? Pourquoi
enfin, dans ces petits hommes au front frisé
d'or, aux yeux grands ouverts, le mépris instinctif de toute autorité constituée ?

L'ORGUE DE BARBARIE.

Le joli ciel et le bon soleil ! Toute la matinée on avait eu un petit brouillard, point trop froid, par exemple, ni trop jaune, un petit brouillard attardé, traînant sur les talons de l'hiver. Mais à midi précis, devant un rayon, deux rayons, beaucoup de rayons, il s'était doré puis envolé. De sorte qu'à midi un quart le vieux Monsieur, bon Parisien, et, comme tel, amoureux fou de la belle nature, prit sa canne et s'en alla voir du côté des fortifications si décidément le printemps choisirait ce jour-là pour faire son entrée solennelle dans Paris.

Grande foule aux quartiers populaires. Les vitres s'ouvraient, les maisons riaient. En pleine rue, sous l'œil attristé du charbonnier, des audacieux démontaient leurs poêles. Au seuil des allées, devant les boutiques, on causait ; on parlait de Meudon, de Sèvres, de partie au bois

ou sur l'eau, des courses joyeuses et des lents
retours, avec l'enfant au bras, quand la nuit
tombe. Et chacun, en attendant mieux, se régalait d'air printanier sur le pas des portes.

Le vieux Monsieur trottait, trottait, réjoui de
la joie des autres, mais, avant tout, pressé d'arriver à l'endroit préféré de ses promenades su-
burbaines, un peu plus loin que la barrière,
dans ces limbes de la grande ville, moitié campagne et moitié faubourg, où le mot bosquets, en
lettres bleues sur une enseigne, cesse de signi-
fier un berceau de cerceaux secs, où la grille
des marchands de vin s'enguirlande de vraie
verdure, et où de vrais arbres, qu'un vrai vent
secoue font parfois tomber dans les assiettes des
noces une pluie de vrais hannetons.

Aussitôt le zigzag vert des fortifications dé-
passé, le vieux Monsieur, qui n'avait plus ses
jambes de vingt ans, s'assit, moins pour boire
que pour se reposer, à l'entrée du jardin d'un
cabaret propret, devant une table en zinc, sous
une tonnelle encore sans verdure. Il se fit apporter une canette et un verre. Cet honnête
homme, d'un autre âge, croyait à la bière de
mars ! Puis il regarda les bourgeons pointer sur
les sureaux, les brins d'herbe se défriser, et les
jacinthes fleurir au ras des murs dans un peu de
terre remuée et noire. Et même, un merle du
jardin voisin s'étant envolé par-dessus la haie
d'épine-vinette, le vieux Monsieur, sans savoir pourquoi, se trouva heureux.

Tout à coup, d'harmonieux accords vinrent
bercer sa rêverie. C'était la musique obligée de
tous les beaux jours parisiens, la voix de l'orgue
de barbarie, tant raillée, hélas ! mais mélancolique à entendre comme un son de cor au fond
des bois, quand elle vous arrive ainsi de très
loin par une enfilade d'étroites rues bordées
d'une double ligne de maisons basses que coupe
çà et là le mur plus bas d'un potager.

Explique qui voudra la nature humaine ! Cet
orgue de barbarie, le croiriez-vous ? évoqua
dans l'âme du vieux Monsieur tout un monde de
pensées noires, de préoccupations tristes.

Le vieux Monsieur était républicain, mais un
républicain timide, de ceux qui, après neuf ans
de République, ne se sentent pas rassurés.

Le vieux monsieur réfléchissait. L'orgue
jouait : *Je regardais en l'air*...

Le vieux Monsieur ayant réfléchi se disait :
« Les orgues de barbarie jouaient la *Reine Hor-
tense* sous l'empire ; pourquoi s'obstinent-ils à
jouer tout le temps : *Je regardais en l'air*... sous
la République ? Evidemment ils n'ont pas confiance ! » Et ce manque de confiance des orgues
de barbarie rendait tout chose le vieux Monsieur, lui gâtait vraiment sa journée.

L'orgue s'était tu. Le vieux Monsieur allait
partir ; déjà du pouce et de l'index il cherchait,
pour régler la consommation, dix sous de monnaie dans son gilet... Un spectacle inattendu
l'arrêta.

Par une ruelle verte d'orties, le joueur d'orgue débouchait. L'orgue était superbe, flambant
neuf, et miroitant au soleil à faire descendre des
alouettes. L'Auvergnat en marchant le poussait
du genou, avec un air de solennité que d'ordinaire les Auvergnats joueurs d'orgue n'ont point.
Devant, derrière, des gamins l'escortaient, d'un
pas martial, la face joyeuse. Quelques-uns por-
taient de petits drapeaux. Attention ! l'Auvergnat s'arrête, il se piète, il se campe ; il pousse,
pour choisir son morceau, le bouton de cuivre
du cylindre ; la manivelle tourne, les notes
partent : « Allons, enfants de la patrie ! »
entonnent les gamins électrisés. L'orgue de
barbarie jouait la *Marseillaise*.

Le vieux Monsieur se sentait délicieusement
ému ; il aurait embrassé l'Auvergnat.

L'Auvergnat était reparti, jouant toujours
et levant le nez sous les fenêtres. Tandis que
l'hymne de Rouget de Lisle, au milieu des cris
d'enfants, des pépiements d'oiseaux, allait s'affaiblissant et mourant, le vieux monsieur remplit son verre, et, rassuré enfin, confiant pour
la première fois, mis en joie par la bière blonde,
le joueur d'orgue et le soleil, tout seul, mais
aussi gravement que si cent mille hommes l'eussent regardé, il but à la santé de la République.

UNE PROMENADE LE JOUR DES MORTS.

Le jour des morts, je suis monté au cimetière Montparnasse.

L'air était vif, mais le ciel joyeux; et l'automne semblait s'être fait beau exprès pour dorer d'un rayon de soleil cette fête païenne.

Oui, païenne! car malgré les images d'horreur et de terreur dont le dogme chrétien environne l'idée de mort, malgré le funèbre cérémonial, malgré les cierges et le *Dies iræ*, les noires tentures, les larmes d'argent et les squelettes, nos Parisiens, en incorrigibles fils d'Athènes qu'ils sont, s'obstinent, après des siècles de moyen âge, à se représenter la Mort, souriante et douce.

Dès avant l'entrée, tout le long du boulevard, bordé pour la circonstance de boutiques pro-

visoires et d'étalages en plein vent, cet idéal
particulier se remarque.

Peu d'objets religieux, moins encore d'emblèmes attristants, mais des couronnes, des sta-
tuettes, non pas des anges, plutôt des génies!
représentant un enfant à genoux ; et partout
des fleurs de saison, des fleurs vivantes, bruyères
roses et chrysanthèmes qui résisteront, en frissonnant, aux premiers souffles de l'hiver.

Chacun, en passant, achète un pot, une plante
verte, un arbuste. Paris oublie sa fièvre pour
songer aux morts.

Ce soir, toutes les tombes seront fleuries.

Et non pas seulement dans les somptueuses
allées où dorment sous le bronze ou la pierre
ceux qui furent riches et heureux, mais aussi
dans le coin des pauvres, à la fosse commune.

Avez-vous vu la fosse commune ? C'est la
partie du cimetière la plus pittoresque, la plus
attendrissante : des fleurs, de la verdure ; et
pressées dans l'herbe, une foule de petites grilles
de bois peint en noir entourant chacune son
jardinet.

Comme on le soigne, ce jardinet et de quel
cœur on le cultive ! Dans un que je connais, un
brave homme de mes amis avait dessiné, détail
naïf, deux microscopiques allées bordées de
buis et soigneusement sablées de jaune.

Il venait là les dimanches avec son enfant.
Lui portait des fleurs, l'enfant la pioche ; et
toute l'après-midi on plantait, sarclait, râtissait.

— Ce n'est pas, me disait-il, que je compte ainsi réjouir la pauvre morte. Je fais çà pour mon plaisir ; ça me fait penser à elle.

Un jour, il s'en revint de meilleure heure rapportant sa pioche et ses fleurs. Il était triste, l'enfant pleurait.

« Pourquoi qu'on a démoli le petit jardin à maman ? »

Lui soupirait :

« C'est un tort, voyez-vous, d'avoir du cœur quand on est pas riche ! »

Le brave homme venait d'être victime de ce qu'on appelle, en langage administratif, la reprise des terrains.

Les morts de la fosse commune ne sont tranquilles que pour cinq ans. Au bout de cinq ans des affiches blanches leur annoncent qu'ils doivent faire place à d'autres.

Alors, adieu jardinets et petites grilles ! tout est arraché, rasé, nivelé ; et, en attendant qu'on y ouvre des fosses, le gazon dru des cimetières pousse sur le terrain repris.

Allez retrouver vos morts là-dessous.

Il y en a pourtant qui essaient.

J'ai vu un jour une pauvre vieille qui cherchait des deux mains dans l'herbe, regardant et s'orientant.

Son homme tenait un bouquet d'immortelles, un méchant bouquet à deux sous.

— Si nous pouvions trouver... il me semble que c'était là.

— Ce sera peut-être bien difficile ?

Tout à coup la vieille poussa un cri de joie :

— Le rosier ! voilà le rosier !

Et, dans l'herbe écartée, elle montrait une pousse verte.

— Quel bonheur qu'on l'ait mal arraché ; sans cela nous n'aurions jamais été sûrs de la place.

Le bouquet fut soigneusement piqué en terre ; la vieille et le vieux regardèrent un moment, puis s'en allèrent.

Pauvres gens !

Et dire que demain cette humble et triste joie leur sera même refusée.

Car, dans ces terrains repris, on ouvre bien vite des fosses nouvelles : le rosier et le bouquet n'ont pas dû tarder longtemps à disparaître sous l'argile grasse, les débris de bières et les gravats.

SUR LE PONT DES ARTS.

J'aime beaucoup le pont des Arts !

Non parce que le pont des Arts mène à l'In-
stitut, mais parce que le pont des Arts est un
pont silencieux, sans fracas de voitures, que
prennent volontiers les petites gens lorsque,
rentrant pour le repas du soir et la tête lourde
encore du travail de la journée, ils ne sont pas
fâchés d'arranger leur retour au logis en promenade.

Paris est très beau, vu de là. A gauche : le
pont Neuf, sa pointe de verdure et les casca-
telles de son écluse ; la haute cheminée de la
Monnaie qui fume, battant des louis d'or pour
les heureux ; et, plus loin, derrière un enchevêtrement de toits sur le ciel et de ponts sur
l'eau, les profils moyen âge de la tour Saint-
Jacques, du vieux Châtelet, de la Sainte-Cha-

pelle et de Notre-Dame. A droite, tout poudroie dans le soleil couchant ; l'horizon est rouge au dessus de Grenelle, et, des Tuileries au delà du Trocadéro, les rives du fleuve font comme un chemin de verdure par où le rêve et le regard s'en vont doucement jusqu'à la campagne.

L'autre soir, mon pont me sembla triste : pas de soleil couchant, la brume. Grenelle sombre aussi bien que Bercy ! Les eaux remuées de la Seine, vertes sous un petit vent âpre et dur, se donnaient entre les quais de vrais airs de mer en colère. Les bateaux-mouches allumaient leurs feux avant l'heure, la nuit arrivant avec la pluie. Les rares passants filaient sans s'arrêter, sur le pont.

Vers le milieu, immobile et comme insensible à tout, un vieux jouait de la serinette. Quelle serinette, mes amis ! asthmatique, édentée, finie comme son maître et pareille en tous points, j'imagine, à celle dont les sons cassés exaspéraient si fort Jean-Jacques Rousseau, dans ses promenades solitaires sur la route de Gentilly. Il sortait bien une note sur dix, mais si faible ! et cette plainte de *cri-cri* mouillé, perdue dans la pluie et le vent, produisit sur moi une impression à la fois comique et douloureuse.

Le vieux était pâle, il tremblait un peu et faisait effort pour tourner vite, vite — en précipitant les notes de façon qu'on ne remarquât pas celles qui manquaient — la manivelle de sa boîte.

Un autre vieux, aussi vieux que lui, s'approcha.

Celui-ci était marchand de coco. Il portait sur le dos, point trop gaillardement par exemple, une de ces éblouissantes fontaines à la mode d'autrefois et comme on n'en voit plus guère. Tout autour du récipient revêtu d'un antique velours d'Utrecht, dépouille probable de quelque canapé, se relevaient en bosse et luisaient mille ornements découpés dans le fer-blanc et le cuivre. Cinq toits (cuivre et fer-blanc toujours !), cinq toits superposés, retroussés aux angles, décorés de clochettes et de grelots comme une pagode chinoise, se balançaient de droite et de gauche, avec des éclairs vifs et un joli cliquetis, à chaque pas du marchand ; et, tout à la pointe du toit le plus haut, une Renommée soufflant dans sa trompette tournait sur le pied gauche et faisait girouette.

Avant de venir s'égarer ainsi sur le pont des Arts, cette fontaine à coco avait dû connaître de beaux jours. Évidemment, elle avait vécu sous le Directoire et vu madame Tallien se promener à travers le jardin des Tuileries, des anneaux d'or aux doigts de pied, et classiquement nue. Le propriétaire aussi, d'ailleurs, à en juger par son grand âge.

— Eh bien ! le musicien, te voilà ?

— Te voilà donc, vendeur d'eau claire !

— Oui ! j'avais voulu essayer encore aujourd'hui. Mais c'est bien fini, les pêcheurs n'ont plus soif le long des quais... Je rentre remiser mon *Wallace*.

— Comme moi ma serinette, hélas ! Depuis trois jours, les gens cheminent les mains dans leurs poches et ne les sortent pas volontiers. Puis, je me fais vieux pour résister à l'hiver.

— Chien de métier !

— Damnée saison !

— Allons ! un coup de coco tout de même, le dernier, histoire de trinquer !... A la tienne !... Comment le trouves-tu ?

— Fameux ! quoiqu'un peu froid... Mais c'est égal, par les grandes chaleurs, ce coup du soir faisait plaisir. Tu es un ami.

— Il faut s'entr'aider !

L'homme au coco s'éloignait, mais l'autre le rappela :

— Attends, vendeur d'eau claire, attends ! Il faut qu'à mon tour je te régale.

Et, furetant dans sa serinette, pressant des boutons, retirant des clous, taquinant le cylindre, il murmurait :

— Il y a encore un air qui marche à peu près, un air très joli ; je le réserve pour les camarades... Ça y est. Attention !

La serinette, mise en joie et comme ragaillardie par le coup de coco, toussota doucement un air qui, à part quelques notes égarées, pouvait bien être *Fleuve du Tage*.

Le marchand de coco écoutait gravement, sa fontaine au dos, sous la pluie fine.

Quand ce fut fini, on se serra la main.

— Au printemps prochain !

— Au printemps ! si cet hiver il n'y a pas trop de misère.

Et puis les deux vieux s'en allèrent : le marchand de coco par la cour du Louvre, le joueur de serinette par les quais.

LISEURS DE JOURNAUX.

Hier le soleil s'est couché tout rouge, lentement et magnifiquement, dans les vieux arbres sans feuilles à leurs branches basses, mais gardant encore à leur sommet quelques rares bouquets tenaces qui, un long moment illuminés, s'imprégnèrent de flamme et d'or. Le soleil se lève pâle, aujourd'hui, au milieu du brouillard ; le jardin frissonne et semble immense. Les soirs restent beaux, mais les matins fraîchissent : derniers adieux de l'automne, premières menaces de l'hiver ! Et, pareil au sage dont parle Lucrèce, le Parisien sensible, bien à l'abri derrière sa vitre, se sent délicieusement attristé en songeant à la misère prochaine des petits oiseaux dans les champs, quand la neige couvrira la terre et qu'on ne verra plus ni les baies des buissons ni les graines des graminées éparpillées au vent sur les talus et les clairières.

Mais les petits oiseaux ne sont pas seuls à plaindre ; et sans compter, — car il ne faut pas se barbouiller l'âme de noir trop à l'avance ! — sans compter les vraies misères des villes si cruellement aggravées tous les ans au retour de la saison mauvaise, il y a dans Paris d'autres victimes de l'hiver dont le martyre un peu comique fait sourire en attendrissant.

Les liseurs de journaux autour de l'Odéon, par exemple.

Si vous passez par là quelquefois, vous avez certainement remarqué sous la rangée d'arcades qui regarde le jardin, à la station des grands omnibus, huit ou dix chaises alignées et, sur ces chaises, autant de braves gens, jeunes ou vieux, chevelus ou chauves, en train de parcourir les journaux aux heures où les journaux arrivent.

Les types y sont variés. Voici le comédien, trop bien mis, en bottes craquantes, et rasé de si près qu'il en paraît bleu. Il prend un journal, puis un autre, puis un troisième. Enfin il a trouvé, et — tenant la feuille à bout de bras, comme au théâtre, — de très loin, pardessus son nez, l'air dédaigneux, mais chatouillé intérieurement, il savoure le compte-rendu de son triomphe de la veille. Un auteur nouveau, l'œil illuminé, cherche le *Paris* tout d'abord. (Lapommeraye est l'ami des « jeunes ») ; il n'ouvre qu'en tremblant le feuilleton redouté du *Temps*.

Au moment du Salon, les chaises se peuplent de peintres décorés et barbus qui disparaissent, les ingrats ! aussitôt que le Salon ferme. Ce maître d'études, matin et soir, vient passer là deux heures, ses deux seules heures de liberté ! Le jeune homme assis à côté de lui et qui arbore si fièrement le béret des années naïves, est étudiant. Ses parents l'ont rêvé magistrat, et magistrat au besoin réactionnaire. Mais le galopin mord à la politique ; il sera, hélas ! la gloire de son pays et le désespoir de sa famille, et reviendra un beau jour au même endroit, sous ces mêmes arcades, républicain et député.

Il y a aussi les enragés : ceux qui lisent pour lire et qui ont la manie de l'imprimé comme d'autres celle de l'absinthe. C'est plaisir de les voir puiser au hasard dans le tas, respirant avec volupté l'odeur du papier humide et de l'encre fraîche. Arts et politique, tout leur est bon ! ils absorbent tout, du premier-Paris aux annonces. Pas un journal, si spécial qu'il soit, ne leur échappe. Puis, quand ils ont très longtemps lu, congestionnés, mais heureux, et le Sénat avec la Chambre, les Faits divers et les Variétés, le naturalisme, l'intransigeance, l'histoire, l'esthétique, la théologie, la biologie et la sociologie se livrent de grands combats sous la calote de leur crâne, ils regagnent à pas tranquilles le logis, rue Lacépède, rue du Champ-d'Asile, vers Montrouge ou le Jardin des Plantes. Ceux-là sont pauvres généralement, pauvres et propres, avec des vêtements noirs trop brossés et des cravates toujours blanches.

Que voulez-vous? Les établissements à la mode sont chers, et ceux plus modestes où l'on va le soir, cafés d'habitués, cafés de quartier, ne reçoivent guère qu'un journal; la séance coûte cinq sous au cabinet de lecture; tandis qu'ici, pour deux sous, l'amateur de lettre moulée a une chaise et le droit de feuilleter tous les journanx, en attendant qu'ils soient vendus, de les feuilleter, vierges encore, à mesure que le porteur les déballe et que la marchande les plie.

C'est charmant, cela : le printemps, l'été, tant qu'il ne vente pas trop sec et que les rafales obliques ne poussent pas la pluie trop fort et trop loin sous les galeries; c'est charmant tant que le ciel se maintient bleu, le soleil gai, tant qu'on peut dans l'intervalle de deux articles contempler les arbustes exotiques du Luxembourg balançant leurs panaches derrière les grilles dorées, tant qu'on peut s'intéresser de loin aux querelles qui s'élèvent entre corbeaux et ramiers à propos de nids usurpés au-dessus de la fontaine de Médicis, dans les platanes.

Mais l'hiver, quelle misère! Les nez rougissent, les pieds gèlent, et c'est l'âpre bise, qui plus forte que les doigts transis, se charge de tourner la page des journaux. Quelques fanatiques s'obstinent, lisent tout debout et se font minces pour s'abriter derrière les piliers. D'autres obtiennent de la commisération du marchand qu'il les enferme dans sa boutique, étroite armoire où il faut rester immobile, le dos s'incrustant dans le mur, les genoux froissés au bois de la porte, le bout du nez aplati sur la vitre.

On lit là-dedans, exposés comme des serins en cage : on lit tout de même, à la condition de ne pas se préoccuper des passants narquois. Malheureusement, l'armoire, ce paradis, ne contient guère que trois lecteurs, ce qui fait que les élus sont rares. Ils ne bougent plus de longtemps, une fois entrés. Les autres rôdent, attendant leur tour, énervés et mélancoliques.

Ils rêvent au printemps de l'an qui vient, au cri de l'hirondelle coupant l'air, aux lilas sur les éventaires. Ils rêvent au printemps et l'appellent, non pour aller courir les bois comme les poètes et les amoureux, mais pour s'asseoir encore, un journal à la main, dans l'ombre agréable des arcades, sur les bonnes chaises en bois blanc économiquement garnies de paille bourrue.

L'hiver hélas ! ne veut pas de ces humbles joies. Plaignons les liseurs de journaux, plaignons les victimes de l'hiver !

CONTRE LES COCHERS.

Non pas contre les cochers d'omnibus, bien
entendu ! J'eus toujours une admiration atten-
drie pour cet homme amarré de l'aube à la nuit
sur un siège étroit, du haut duquel, dominant
la foule, il conduit, à travers des rues semées de
plus de récifs que les plus dangereuses mers, sa
lourde machine roulante et branlante et toujours prête à chavirer, comme les Bucentaures
et les galères capitanes. Moitié pilote, moitié
stylite, le cocher d'omnibus promène la douceur résignée d'un sage sous le chapeau ciré à
ganse de fer blanc fourni par l'administration,
ganse que souvent un besoin instinctif d'art et
de poésie lui fait égayer d'une plume de paon
ou de faisan offerte au passage, d'une fenêtre
d'entresol, par une main amie, ou d'un rameau
vert cueilli du bout du fouet aux marronniers

des boulevards. Ce n'est pas lui qui, par sa faute, écrasera jamais quelqu'un.

Le cocher de tramway non plus ! Il conduit debout, à l'antique, comme les vainqueurs des cirques romains. Rapproché du sol et des hommes, on cause autour de lui ; quand la pluie ou un froid trop vif ne dépeuplent pas sa plate-forme, il perçoit un écho des bruits du monde. Son itinéraire dépasse les fortifications, s'en va jusqu'à Saint-Ouen, jusqu'à Saint-Cloud, jusqu'à Fontenay-aux-Roses. Un cocher ne saurait devenir méchant homme quand il prend ainsi, plusieurs fois par jour, un bain de bon air des champs et de verdure.

Sur les cochers de fiacre, il y aurait davantage à dire. Pourtant j'aime cette corporation, une des rares où se rencontrent encore des latinistes. Dur métier, d'ailleurs, que le métier de cocher de fiacre, et, on peut le dire, plus que dur l'hiver ! Des courses à toute heure, jusqu'après minuit, dans les rues sombres et gelées, les mauvais pourboires, les brancards qui se rompent, le cheval qui tombe et qui n'a plus la force de se relever ; et, pour tout plaisir véritable, le bon repos à la station chez le marchand de vin, un compatriote, natif du Rouergue ou de l'Auvergne. Mais ici encore, tout n'est pas roses. Sur le trottoir, dans son petit kiosque vitré, le surveillant en képi veille. Un coup de sifflet : pour faire serrer les voitures ! Un autre : c'est quelque voyageur superstitieux

qui, ayant des idées sur la couleur des chevaux
et les numéros des fiacres, s'adresse au milieu
de la file au lieu de prendre en tête. Il faut
quitter alors, quitter subitement, le bon cabaret chaud aux vitres brouillées, le verre de vin,
la partie de cartes, et parfois planter au milieu
de l'assiettée de soupe commencée — soupe
aux choux odorante et grasse, toute en saucisse
de pays, et dont l'épaisse fumée évoque le souvenir des chères garrigues natales — une cuiller
qui tient debout. Si jamais un cocher de fiacre
m'écrase par distraction, je lui pardonnerai en
songeant qu'à ce moment il rêvait peut-être de
soupe auvergnate interrompue.

Mais, par exemple, je sais une catégorie
d'automédons auxquels je réserve toute ma
haine : ceux qui conduisent les voitures des
blanchisseurs et des laitiers. Les bouchers eux-
mêmes sont moins terribles, avec leurs chars-
à-banc mal voilés de linges, où tressautent des
foies gigantesques, et qu'emportent à fond de
train des chevaux nourris de sang, fouettés par
un solide gaillard, les bras nus, le tablier
troussé, portant au côté, ainsi qu'un glaive
le « fusil » d'acier reluisant, embelli d'un
manche d'ivoire. Les bouchers, on s'en gare
encore avec un peu de prudence et d'attention. Mais il n'est Parisien si aguerri qui ne
tremble en entendant derrière lui le bruit d'une
voiture de laitier, retentissante, avec tous ses
pots en zinc qui se heurtent comme un choc de

guerriers bardés en bataille; ou, mêlés au grondement des roues sans ressort, les abois du hideux roquet que les blanchisseurs aiment à enchaîner, vivant emblème! au devant de leur carriole. Vous voilà heurtés, bousculés, mais le bourreau est déjà loin; heureux encore si, tournant la tête dans sa fuite, et voyant avec déplaisir que vos membres sont au complet, il ne vous appelle pas « Trompe-la-mort », par une suprême ironie.

Et pourtant tous ces laitiers, tous ces blanchisseurs, exercent des états aimables et doux, presque bucoliques. Ils habitent, aux rivages même de Paris (Paris vu de là ressemble à la mer!) les coteaux modérés qu'aimait Sainte-Beuve; ils égayent de toiles blanches flottant au vent les pentes vertes de Sèvres et de Gentilly; et c'est chez eux, dans de vastes cours peuplées de poules, que les Parisiens épris de nature vont, le dimanche, savourer la tasse de lait tiède où gonfle une tranche de pain bis, en respirant des odeurs d'étable.

CONVERSION D'UN NOCTAMBULE.

Un excellent homme, mon ami Charles! Bon père et bon époux, il serait bon garde national si la garde nationale existait.

Mon ami Charles n'a qu'un défaut, défaut parisien : le noctambulisme.

Son lit lui fait horreur, le soir! car le matin il se rattrape. Dès onze heures, l'idée qu'il faudra finir par aller se coucher le tourmente; et ce n'est jamais sans une contraction de rage sourde qu'il entend, vers minuit, le patron du café dire aux clients : « Allons, messieurs, on ferme!... s'il vous plaît... nous sommes en retard... »; ce n'est jamais sans un sentiment de sombre fureur qu'il voit les garçons ensommeillés empiler à grand bruit les chaises sur les tables. Il rechigne, chicane à propos de l'heure, prétend que quelqu'un a sournoisement avancé l'aiguille, et ne se décide à partir que lorsque les sergents de ville — spectres en caban ! — passent dans l'ouverture de la porte la pointe de leur capuchon.

Enfin il sort, il est sorti, heurté d'une barre de fer, se cognant le front au volet en train de descendre. Cette immixtion de la police, nouvelle et plus irritante à chaque fois, lui fait l'effet d'une injure personnelle ; et sur les trottoirs déjà déserts qu'éclaire la double lumière des becs de gaz et de la lune, seul avec un camarade révolté comme lui, il cause des nations heureuses, des cités libres où les cafés ne ferment pas.

Quelquefois mais ces joies sont rares ! le camarade connaît à l'autre bout de Paris un bouchon borgne, une brasserie mal hantée dont le propriétaire, en train de rouler sur la pente de la faillite, risque un procès-verbal pour débiter quelques bocks de contrebande après minuit. On marche longtemps ; on prend par des ruelles noires : « Suivons le côté de l'ombre, c'est ici ! » Il y a un signal, un mot d'ordre : « Toc, toc !.. Toc, toc, toc, toc !.. c'est nous... des amis... » O bonheur ! la porte s'entr'ouvre, une flèche de lumière a rayé le pavé ; et, de trois quarts, effaçant le ventre, avec mystère, comme un voleur ou un amoureux, on s'insinue dans un trou sombre, où les consommateurs attablés parlent bas et qui sent la vieille bière et la pipe refroidie.

Ce n'est pas pour boire que mon ami Charles s'abaisse à ces choses : mon ami Charles n'est pas un ivrogne. Ce n'est pas pour jouer : il a les cartes en horreur. Seulement, mon ami Charles éprouve un inexplicable plaisir à ne pas se coucher comme les autres.

Tel est mon ami Charles ou, pour mieux dire, tel il était. Aussi figurez-vous sa douce surprise quand l'autre jour il lut, placardée sur les murs, une ordonnance de police autorisant « tous cabarets, cafés, estaminets et autres lieux publics situés en deçà des boulevards extérieurs » à n'éteindre leur gaz qu'à deux heures du matin, et donnant aux débitants établis près des Halles le droit d'ouvrir toute la nuit.

— « Cette fois, on va s'en donner ! » se dit en lui-même mon ami Charles ; et, pareil au gourmand qui se met l'eau à la bouche en rédigeant son menu, il réglait par avance l'ordre et la marche de la soirée. — « Rien de changé jusqu'à minuit : j'irai à mon café comme à l'ordinaire, et ne partirai qu'après une heure sonnée, histoire de voir rager le patron... Après, je descendrai vers la Seine, tout doucement, en fumant un cigare... Quelques limonadiers têtus s'obstineront peut-être à poser leurs volets avant l'heure... Alors j'entrerai, et, si l'on refuse de me servir, j'appellerai les sergents de ville (l'ordonnance est précise, on doit avoir le droit), j'appellerai les sergents de ville, de

braves gens que j'appréciais, mal, je leur dé-
noncerai les délinquants, et quelle vengeance,
quel triomphe, si je faisais pincer Tabourey ou
le successeur de Procope pour délit de ferme-
ture anticipée! Cela me conduira bien à deux
heures... Deux heures sonnant au beffroi de
Saint-Eustache, je me trouverai tout porté pour
les Halles... Là, dédaignant Baratte et Bordier
trop dorés décidément, je chercherai sous les
arcades du marché des Innocents quelque cabaret d'autrefois, bien pittoresque et bien populaire, Paul Niquet s'il existe encore!... Je
mangerai avec des maraîchers, je trinquerai
avec des porteurs de viande... J'assisterai à
l'arrivage, je verrai les fleurs entassées, les
montagnes de légumes, toute la campagne ap-
portée à Paris par charretées ; j'emplirai mes
poumons de senteurs rustiques... et je ne re-
passerai les ponts pour regagner mon logis,
ainsi qu'il convient à un citoyen libre, qu'à
l'heure matinale où les aiguilles et les dômes se
profilent dans un clair brouillard, ou paraissent
les balayeurs, où les coqs des laiteries chantent,
tandis que sur les bords de la Seine encore endormie et que ne sillonne aucun bateau, s'ins-
talle le premier pêcheur à la ligne ! »

C'étaient là de beaux projets. Mais voyez l'é-
trangeté de la nature humaine ! Ce soir-là, vers
dix heures, mon ami Charles s'aperçut que
rester au café, à se cuire le crâne sous le gaz,
n'a précisément rien de bien amusant. A onze

heures, fort ennuyé, il suivait la marche des aiguilles. Cette idée d'attendre là deux heures
encore lui faisait trouver le temps long A minuit moins un quart il partit. — « Que le patron
ferme s'il veut ; je ne peux pourtant pas, pour
une consommation de six sous, faire brûler six
francs de gaz à ce brave homme. »

La nuit était claire, l'air frais à souhait, et
mon ami Charles songea qu'il ferait bon se
mettre en pantoufles chez soi pour fumer une
pipe à la fenêtre.

— « Eh ! quoi ! l'on rentre ? lui dit quelqu'un
qui le rencontra.

— » Oui ! je rentrais... répondit mon ami
Charles un peu honteux, je rentrais comme ça...
sans m'en apercevoir...

— » Vous savez que les cafés restent ouverts
jusqu'à deux heures !

— » Je le savais, je vous remercie...

— » Et les Halles toute la nuit...

— » C'est vrai pourtant ! pensa mon ami
Charles, je m'étais promis d'aller flâner aux
Halles. Bah ! puisque c'est permis maintenant,
je trouverai bien le temps un autre jour ! »

Et, dédaignant les libertés que la République
nous a octroyées, pour la première fois depuis
vingt ans, au grand étonnement de son concierge, mon ami Charles rentra se coucher avant
minuit.

UNE RUE DES QUARTIERS POPULAIRES.

J'étais inquiet, vraiment inquiet ! J'avais peur qu'on ne m'eût gâté ma rue de la Gaîté, rue au nom joyeux, à laquelle d'inconscients mystificateurs sont en train de faire une abominable légende.

Déjà l'an passé, dans une importante Revue, un jeune doctrinaire racontait sans rire sa descente à ce pays ténébreux, situé derrière la gare Montparnasse. Il y était allé sous un déguisement, avait vu là d'horribles choses, et revenait terrifié : tel Dante au sortir de l'enfer ! Sa prose, du coup, en est restée pâle.

L'autre jour encore, un écrivain ultra-sensitif qui, pour traduire l'étonnant brouillamini de ses sensations, a besoin de non moins étonnantes métaphores, décrivait cette honnête rue en phrases excessives, comme s'il se fût agi d'un voyage de découverte à travers la tribu d'Amérique la plus bizarrement tatouée. Tout y est outré, violent : le zinc des comptoirs y reluit autrement qu'ailleurs; le cornet à piston sonne avec des fracas de casserole ; les boutiques d'un goût sauvage étalent des affiquets, des rubans chatoyants et criards, pareils à l'aile peinte des aras ; et le chausson aux pommes lui-même affecte des colorations exotiques !

De tels récits doivent donner à l'étranger, au provincial et aussi au parisien casanier pour qui les terres inconnues commencent passé l'Odéon, une singulière idée de ce coin de la capitale.

Mais qu'ils se détrompent : la rue de la Gaîté ne ressemble ni à l'atroce coupe-gorge ni au campement d'Indiens qu'on nous dit.

Le jour, c'est — entre le boulevard Edgar-Quinet et l'avenue du Maine — une rue large, aimable et claire, paisible comme une rue de province, et que trouble pour tout événement, de cinq minutes en cinq minutes, le passage de l'omnibus promenant alternativement, des fortifications à la place de l'Hôtel-de-Ville et de la place de l'Hôtel-de-Ville aux fortifications, une colonie de petits employés et de petits rentiers qui, chassés du Paris central par la cherté des loyers, habitent les maisons à jardinet de Plaisance. Un peu de gazon vert entouré par une grille, quelques branches où le bourgeon pointe faisant ombre sur le pavé, indiquent à mi-hauteur un pensionnat de jeunes filles. Tout cela n'a rien de bien effrayant.

Le soir, la rue s'anime, devient bruyante, et vraiment mérite son nom. Quelque chose y reste de la gaîté au petit vin bleu des anciennes barrières. Toutes les joies populaires sont là groupées. Deux bals, trois concerts, un théâtre, jettent d'en haut, à pleines fenêtres, le bruit des instruments et la flamme des lumières. Les débits resplendissent, luttant de séduction visible et d'éclat avec la vitrine appétissante du charcutier et la broche du rôtisseur chargée de volailles dorées. Cependant, deux pâtisseries que la concurrence exaspère, poussent jusqu'au milieu du trottoir, en manière de barricades, leurs étalages qui ploient sous un gigantesque amas de galettes, de croquets et de brioches fumantes.

C'est rue de la Gaîté que se distrait, surtout le dimanche, le grand morceau de rive gauche, un peu séparé du reste des humains entre les fortifications, le cimetière et la solitude fleurie du Luxembourg. Le petit bourgeois s'y rencontre avec l'ouvrier; l'étudiant ami des vieilles traditions et que l'invasion de « la gomme » à Bullier effraye, y fraternise — sympathie du béret et du chapeau pointu ! — avec le jeune peintre qui, en attendant d'avoir, comme tout le monde, un hôtel avenue de Villiers, barbouille ses toiles aux lieux où fut la tombe du géant Issoire, dans un entresol peu meublé, le-

quel d'ailleurs, vu l'absence d'étage, se trouve
en même temps être un grenier.

On vient beaucoup en famille rue de la Gaîté.
Détail touchant et caractéristique : un café,
pour attirer la clientèle, donne en sus de chaque
consommation, sans augmenter les prix, un
menu bonbon, pipe en caramel ou lapin en
sucre, que les gamins ravis lèchent et croquent
en regardant mère et papa déguster lentement
leur demi-tasse.

En somme, la rue est la même qu'au temps
où j'avais l'honneur quelquefois d'y saluer
M. Sainte-Beuve. Oui, Sainte-Beuve, qui l'aimait, cette rue ! qui s'y promenait en voisin, à
toutes heures et qui, malgré ses allures de ren-
tier honnête, n'y fut jamais assassiné.

Il y avait alors, vis-à-vis du théâtre Montparnasse, une maison en retrait, avec un petit
jardin que défendait une grille. Les bonnes gens
du quartier s'asseyaient le long du trottoir, sur
le support en pierre de la grille, et jouissaient
gratis, les dimanches d'été, de la fraîcheur des
acacias et des échos de la voix du traître.
Maintenant, la maison est à l'alignement : plus
de jardin et plus de grille ! Les amateurs doivent écouter debout. C'est le seul changement
notable !

Le vieux théâtre, où tant de futurs illustres
comédiens débutaient incognito, porte toujours
en bas-relief à son fronton, la Folie avec un bonnet à grelots, et le Mousquetaire armé d'une

épée, engageants emblèmes! Les cafés-concerts, à vrai dire, lui font concurrence; un surtout, dont la salle en ellipse, à décor rouge, est originale et d'un bel effet. Ce qu'on chante là-dedans ne tient au grand art que de fort loin; mais qu'y faire? Nous sommes encore à Paris, rue de la Gaîté! et l'on ne s'amuse pas autrement ici qu'aux Eldorados du boulevard de Strasbourg ou aux Alcazars de la rue Poissonnière.

Car, à quelques nuances près, Paris, ainsi que le Parisien, se ressemble partout à lui-même.

Autrefois, les chercheurs d'inconnu erraient au jour tombant dans les quartiers les plus inoffensifs, avec des préoccupations de tapis-francs et de cour des Miracles. Aujourd'hui, c'est une autre gamme : on nous invente, sous prétexte d'observation et de pittoresque, un Paris populaire plus triste et plus noir que nature, le tout rêvé d'après Dickens et barbouillé au charbon de Londres.

En tout cas, ce n'est pas rue de la Gaîté qu'il faut chercher ce Paris-là.

J'ai fait précisément l'excursion en compagnie d'un jeune écrivain de la jeune école que mon absence d'étonnement paraissait étonner beaucoup. Venu exprès pour *regarder*, ce qui est le pire des procédés pour bien *voir*, un peu fâché dans le fond de ne rien découvrir d'extraordinaire, le brave garçon, en désespoir de

cause, finit par se rabattre sur le paysage. Il
avait plu dans la soirée, et, sous les becs de gaz,
des flaques d'eau faisaient miroir entre les pavés : « Mais voyez donc quels reflets étranges ! »
Il ne voulut jamais admettre que d'autres becs
de gaz, à la même heure, devaient avoir un reflet absolument semblable sur le macadam et le
bitume de la place de l'Opéra.

Force lui fut pourtant de constater combien
cette population est raisonnable et sage. A
minuit sonnant, les théâtres, les bals, les concerts, fermèrent leurs portes. Une foule animée
remplit un instant la rue de son bruit ; puis
chacun se dispersa, sans même s'attarder aux
cafés encore éclairés, en gens que le travail du
lendemain attend et qui veulent se lever de
bonne heure. A minuit trois quarts, sauf les
quelques incorrigibles flâneurs qu'on rencontre
partout, cette légendaire rue de la Gaîté était
aussi calme, aussi parfaitement silencieuse que
la plus retirée des rues bourgeoises dans un
chef-lieu d'arrondissement.

MENUS PROPOS SUR L'AMNISTIE.

— « Deux timbres, un pour l'Angleterre ! »
et la femme posa sur le marbre du débit trois
sous d'abord et puis cinq sous, tandis que derrière ses pots à tabac et ses balances reluisantes
la marchande, hochant la tête d'un air entendu
et apitoyé, déchirait du bout des doigts, soigneusement, deux timbres, l'un bleu, l'autre jaune.

Rencontrée ainsi presque chaque dimanche,
à l'heure où, régulièrement avant de prendre
mon train, je venais choisir quelques cigares
destinés à être fumés en wagon, cette femme
vêtue simplement, d'aspect honnête et triste,
avec sa demande toujours la même : « Deux
timbres, un pour l'Angleterre ! » avait fini par
m'intéresser.

Autour de cette phrase, si vulgaire pourtant
et si vague, peu à peu, comme des cristaux au-

tour d'un léger fil, tout un roman s'étaitgroupé,
un de ces romans vrais parfois qu'à l'occasion
du plus insignifiant des détails s'amuse à com-
biner la pensée vagabonde. La femme devait
être une ouvrière. Son mari avait fait comme
tant d'autres : en proie à l'ivresse noire des fins
de siège, comme tant d'autres il avait pris les
armes, et comme tant d'autres s'était battu,
Français contre des Français, en aveugle, dans
la fumée encore épaisse des derniers combats
et des dernières défaites. Condamné, il avait pu
fuir ; elle, restée seule avec un garçonnet, avait
subi l'atroce misère, gagnant péniblement ce
pain plus amer que le pain de l'exil et dont
connaissent la saveur celles que l'exil a faites
veuves. Maintenant l'homme travaillait à Londres attendant sa grâce ou l'amnistie, l'enfant
qui avait pris ses vingt ans était en province
quelque part, ouvrier, peut-être soldat...

Il faut croire que je ne m'étais pas trompé ;
j'ai revu la femme, elle avait l'air presque
joyeux : — « Deux timbres, un pour l'Angleterre ! — C'est peut-être, dit la marchande, le
dernier timbre jaune que je vous vends. — Oui,
madame, il paraît que cette fois nous aurons
l'amnistie. » Et les deux lettres tremblaient
dans la main de la pauvre femme, palpitantes,
pressées de partir, comme deux oiseaux blancs
porteurs d'heureuses nouvelles.

Cette rencontre m'avait mis en humeur de
rêverie ; de sorte qu'ayant manqué le train

faute de marcher assez vite je dus m'installer
pour une heure dans un café près de la gare. Je
comptais y lire les journaux, mais le vent était
aux souvenirs et, poursuivi par l'idée de l'amnistie, je crus revoir l'endroit tel que je l'avais
vu huit ou dix mois auparavant, le jour qu'arrivait un convoi de condamnés de la Commune
graciés et rapatriés. Étaient-ce ceux de la *Scudre*
ou ceux de la *Vire?* Je l'ai oublié, mais peu
importe! Par exemple, ce que personne, en
ayant été le témoin, n'oubliera, c'est le beau
soleil qu'il faisait, les visages attendris à toutes
les fenêtres, la foule frémissante d'émotion
contenue qui remplissait la place et refluait
jusque sur les boulevards, l'attente silencieuse
suivie du cri : « Les voilà, ce sont eux ! » et la
longue file des prisonniers d'hier aujourd'hui
libres. Etant du quartier, je pus pénétrer sans
trop de peine dans la maison, un restaurant, où
se tenait le comité de secours. Entre nous, ils
n'avaient pas de trop mauvaises figures, ces
Français revenus de si loin ! Le hâle du soleil
et des mers, leurs grands diables de chapeaux
en feutre gris clair, à bords plats, fabriqués,
paraît-il, en Calédonie, mais pareils à ceux que
les chapeliers d'Aix fournissent aux paysans
provençaux, donnaient à la plupart comme une
allure campagnarde. On leur avait servi à dîner
dans le jardin, jardin à bosquets et à tonnelles ;
ils regardaient ces bosquets, se montraient ces
tonnelles, car mieux que tout et plus doucement

ces tonnelles et ces bosquets peuplés de souvenirs familiers pouvaient dire à des Parisiens la bienvenue de la patrie.

Quelles scènes à la sortie, dans l'étroite salle du rez-de-chaussée ! Quelques-uns s'en allaient tout seuls, emportant leur petit paquet, tristes au milieu de la joie commune, avec l'air indécis et vague de ceux que personne n'attend. Les autres cherchaient, s'appelaient. Au coin le plus sombre, sur deux chaises qu'ils avaient conquises, une vieille femme et un grand garçon se tenaient assis : la vieille cassée et ridée, le garçon tout blond et tout rond et ne paraissant pas vingt-cinq ans ; il avait dû s'en aller jeune ! Les mains dans les mains, les yeux dans les yeux, ils se regardaient ; puis, à intervalles réguliers, pris soudain de la même idée, ils s'embrassaient et pleuraient un peu, mais sans rien se dire. Près de la porte une fillette essoufflée et rouge essayait d'entrer : — « M. Lacroix ?... le citoyen Lacroix ?... » disait-elle, expliquant à chacun que M. Lacroix devait être là, qu'on l'avait manqué au débarcadère et que maman l'a'tendait à côté dans une voiture. — « Lacroix ! Il n'est pas loin, je viens de lui parler. — Montrez-le-moi, monsieur, il faut que vous me le montriez... Je n'avais que cinq ans, monsieur, vous comprenez ! Si je n'allais plus le reconnaître... — Tenez, le voilà, ce petit homme avec une valise à la main. » La fillette était déjà pendue au cou du petit homme. Lui, tout ahuri, se lais-

sait faire, saluant, ne comprenant pas, il l'appelait : « Citoyenne !... mademoiselle ! »

— Mais je suis Marie, disait la fillette, puisque je te dis que je suis Marie !

14 JUILLET.

I

La vraie flânerie ne consiste pas, comme le pense le vulgaire, à promener au hasard, n'importe où, des pieds las et une contemplation ennuyée. Le flâneur digne de ce nom, après des courses en apparence vagabondes, sait s'arrêter à temps, devant un objet ou un homme, et rester là pendant des heures, à la fois attentif et désintéressé, se régalant du plaisir délicatement égoïste de sentir son cœur battre pour une chose qui ne le regarde pas. Entre vingt pêcheurs rangés le long d'un quai et fouettant l'eau du crin de leur ligne, le flâneur toujours en adopte un et prend part désormais à ses émotions et à ses joies, l'œil fixe et les sourcils contractés tant que le poisson dédaigne l'appât, puis tout épanoui soudain quand une maîtresse pièce subitement ferrée apparaît au soleil, re-

luisante et lourde comme un lingot. Pourquoi
ce pêcheur plutôt qu'un autre ? Mystère ! Il y a
là une loi d'attraction mal expliquée encore.
Mais la loi existe, et la preuve, c'est qu'hier,
m'étant mis en route dès le matin pour parcourir Paris et déguster dans sa primeur la fête
que le 14 juillet nous prépare, j'ai, en fin de
compte, perdu ma journée à voir colorier les
mâts et apprêter les lampions d'une seule petite
rue.

Vainement, des Champs-Élysées à la Bastille,
sur les places, autour des colonnes, à la façade
des édifices publics, se dressaient les architectures volantes et les décors des illuminations
municipales ; vainement, le long des moulures
et des corniches, à la grande joie des gamins
ravis de voir ces flammes pâles en plein jour,
les ouvriers luminaristes allumaient, en manière d'essai, des girandoles et des chiffres ;
vainement une éclosion subite de drapeaux remuant au vent leurs couleurs neuves faisait
ressembler Paris à un champ de blé plein de
bleuets, de coquelicots et de ces mille fleurettes blanches dont, soit dit entre parenthèses,
on devrait bien nous apprendre les noms au
collège ; je marchais presque indifférent ! Je
passai sans m'arrêter devant l'Hôtel de Ville
pavoisé déjà, tout blanc dans sa cage de char-
pente et pareil, avec les fines ciselures de ses
cheminées et de ses combles que ni pluie ni
fumée n'ont souillés encore, à un énorme bijou

d'argent mat! je n'accordai qu'un léger coup d'œil, boulevard du Temple, au spectacle pourtant intéressant de toute une escouade de peintres manœuvrant, debout, de grands pinceaux longs emmanchés comme des balais et barbouillant joyeusement de figures et d'allégories un palais en toile et en planches posé à plat sur le trottoir! Un je ne sais quoi d'instinctif et d'irrésistible gouvernait malgré moi ma flânerie et m'entraînait plus loin, toujours plus loin, vers les faubourgs, jusqu'à la rue des Taillandiers, une rue que, sans doute, vous ne connaissez guère.

— En effet, où la prenez-vous ?

— Au pays d'Auvergne, fouchtra! dans cette Auvergne parisienne bornée au nord par la rue Keller, au midi par la rue de Lappe, et qui s'étend, inextricable enchevêtrement d'étroites voies et d'étroits passages, entre la rue de la Roquette et la rue de Charonne. On trouve tout à Paris, même l'Auvergne! Superbe morceau d'Auvergne, à cassure luisante, à vives arêtes, que vous pourrez admirer là, solide et dur comme un bloc détaché du granit natal. Partout, sur les enseignes, s'étalent des noms à rude désinence, hérissés de consonnes montagnardes ; partout, au milieu d'un assourdissant tapage, retentit le robuste accent du Cantal. Gare aux oreilles! Ici les gens frappent dur et parlent, dit le proverbe, bouche ouverte : conversations et bruits d'outils y sonnent égale-

ment la ferraille ! La rue des Taillandiers,
éveillée dès la première aube, travaille jusqu'au
soir à remuer, brasser les métaux. Vieux cuivre
et vieux fer, vieux plomb, vieil étain, tous ces
corps précieux arrachés du sol au prix de tant
d'existences et dont aucune parcelle ne saurait
se perdre sans sacrilège, sont amenés là, entas-
sés, classés, revendus s'ils restent utilisables,
ou bien renvoyés à la fonte qui leur refera une
virginité. Le génie du bon ferrailleur consiste
à découvrir, inventer un emploi aux plus in-
vraisemblables déchets, aux rognures les plus
méprisables. Cette plaque rétrécie chaque fois,
criblée de mille trous, transformée en dentelle
à jour, a subi, avant d'aller définitivement au
creuset, l'emporte-pièce de dix industries.

La rue des Taillandiers mérite le voyage.
C'est un pittoresque tableau, fait pour donner
une haute idée de l'activité humaine, que celui
de ces hangars encombrés et noirs, où çà et là
des reflets rouges s'allument, des rayons jaunes
s'accrochent, et sous lesquels, leurs bras nus
plongés dans des sébilles de limaille luisante
comme de la poudre d'or, les ouvriers, pour
purger le cuivre de tout mélange, promènent
d'énormes aimants. Des gamins, en attendant
l'heure de l'école, jouent au forgeron sur un
pavé : un bout de grille ramassé, un clou trouvé
dans le ruisseau, et les voilà, futurs ferrailleurs,
qui improvisent un divertissement métallur-
gique.

La rue des Taillandiers a voulu se distinguer cette année. On avait organisé une souscription pour la fête et les pièces d'or — c'est encore du métal ! — tombèrent dru, à ce qu'il paraît, dans la sacoche des commissaires. Les mâts sont debout, n'attendant plus que les lanternes peintes et les oriflammes ; une musique est retenue ; la rue décorée et sablée se transforme en salle de bal. A l'entrée, un grand arc-de-triomphe avec deux statues en ronde bosse, de six mètres de haut, rien que cela ! symbolisant la République et l'Enseignement laïque. Puis, à droite et à gauche, le long des trottoirs, des trophées sans nombre supportant des guirlandes sans fin. Au fond, troisième statue, de six mètres également, et qui représente l'Auvergne. Entre nous, sous la coiffe nationale et le ruban en papillon, j'ai cru reconnaître une des nations couronnées qui ornaient en 1878 la façade de l'Exposition. Mais chut ! la métamorphose est ingénieuse et l'adaptation légitime : l'Auvergne, mère des démolisseurs-ferrailleurs, aura su intéresser à sa fête Roux, celui de ses fils à qui échut la gloire de démolir le palais en fer du Champ de Mars.

Car, — et ceci a son originalité, — toute républicaine et française, la fête de la rue des Taillandiers gardera pourtant un cachet local. Des cartouches prêts à être suspendus portent les noms glorieusement auvergnats de Michel de l'Hospital, de Couthon, de Desaix. Faisant fronton au magasin d'un fabricant d'instruments de travail, une brouette, avec le nom de Blaise Pascal dans une couronne de lauriers d'or, rappelle que l'auteur des *Provinciales* fut aussi l'inventeur de la brouette. Chez un marchand de métaux, une inscription nous apprend encore que, vers les règnes de Claude et de Néron, le sculpteur Zénodore, le même qui plus tard fut appelé à Rome pour exécuter l'Apollon du Colysée, avait auparavant martelé dans la cité des Arvernes la statue colossale, — en cuivre ! — du Mercure gaulois.

Tout cela, sans compter les danses et les jeux promis, me paraît d'une belle couleur auvergnate.

Et tenez : voici que quatre grandes voitures arrivent, chargées de branches et de feuillages. On a fait la récolte au bois de Vincennes, sous le contrôle des gardes, avec la permission des autorités. Hardi là ! *zou !* Il s'agit d'arrondir les berceaux, de tresser les guirlandes. Une bonne odeur de nature, branches tordues et feuilles froissées, se répand dans l'air de la rue. C'est bien le pays cette fois, vous vous croiriez en pleine montagne. Aussi faut-il voir de quelle ardeur chacun travaille : enfants, femmes... et Auvergnats. On parle patois, on rêve bourrées, on siffle des airs de musette, et, tant mieux si moussu Rouher s'en fâche : vive l'Auvergne et la République !

II

— Comment! toi à Paris, par un soleil pareil?

— Dame, oui! ce dimanche-ci la campagne a tort.

La chose m'étonna, car mon ami est un de ces Parisiens aux mœurs antiques, enragé amateur de dîners sur l'herbe et de siestes au bord de l'eau, pour qui la vie se divise en périodes de six jours de travail coupées par le retour régulier d'un jour consacré au repos, au vin aigrelet et à la friture. Vous le connaissez, d'ailleurs, pour l'avoir rencontré à bord des bateaux-mouches ou dans les gares, aux heures mélancoliques de la rentrée, invariablement suivi d'une épouse et d'un fils qui soupirent avec résignation sous un énorme faix de fleurs des champs, et portant lui-même, selon la saison, dans son mouchoir plié en quatre, des carrés de mousse enlevés au couteau dans le tapis des bois, une marguerite en bouton, ou quelque beau plant de fougère soigneusement empaqueté avec ses racines et qu'il essayera, toujours en vain, d'acclimater à son cinquième.

— Oui, la campagne a tort! lundi et mardi sont au travail; et nous n'avons pas trop d'aujourd'hui pour préparer la fête du 14... Tu sais,

on ne refuse pas d'accepter un coup de main, si
le cœur t'en dit.

Là dessus, très affairé, il me quitta pour pré-
sider avec une paternelle inquiétude à l'instal-
lation d'un écusson superbe, resplendissant,
éblouissant, arrachant les yeux par l'éclat de
ses couleurs vives, sur lequel se détachaient,
gigantesques, un R et un F cernés de cinabre
et somptueusement barbouillés d'or.

La campagne avait tort, en effet. Ce dimanche
ne ressemblait pas aux autres dimanches si tristes dans ce quartier presque suburbain, avec
leurs fenêtres closes, leurs maisons endormies et
leurs rues vides plus sonores sous le pas des rares
passants. Tout le monde, cette fois, était resté
comme mon ami. Tout le monde courait, s'agi-
tait ; et partout, montant du pavé, descendant
des étages, flottait dans l'air un bourdonnement
de ruche joyeuse.

C'était charmant. Il y avait là quelque chose
de la fièvre des écoliers à l'approche désirée des
vacances, un avant-goût de fête qui donnait aux
visages les plus sévères et les plus moustachus
une expression d'impatience enfantine. Deux
jours, c'est si long à attendre !

Quel empressement autour des boutiques où
brillent ces milles petits riens éphémères, chefs-
d'œuvre d'ingéniosité improvisés avec quelques
feuilles de laiton et quelques aunes de ruban par
les Edison de l'article Paris. De quoi fournir un
musée ! Des cocardes de toutes formes, des

médailles de tout modèle, des emblêmes à ne pas
les compter, des drapeaux croisés, des lauriers
en couronne, des bonnets phrygiens, des piques
et des lyres. On les marchande, on les achète.
Des fillettes s'en parent crânement le corsage.
Un gamin tondu, rouge de désir, l'œil brillant de
convoitise, regarde l'étalage, tenant un sou serré
entre ses doigts. Il choisit, hésite, compare; il
voudrait tout avoir pour son sou! Puis, illuminé
d'une idée soudaine qui conciliera les satisfac-
tions de la gourmandise avec les joies plus
austères du patriotisme, il va chez l'épicier du
coin s'offrir un cornet de caramels aux trois
couleurs, car aujourd'hui tout est aux trois couleurs. Les magasins de nouveautés semblent un
feu d'artifice bleu, blanc et rouge, et du haut de
leurs balcons, annonce tentante! font ruisseler jusque sur le trottoir des pièces d'étoffes
se déroulant ainsi qu'une cascade tricolore. On
y taille des drapeaux à même; les plus pauvres
s'en vont leur coupon sous le bras, portant un
bâton peint en bleu qui sera la hampe, avec une
demi-douzaine de clous d'or dans un papier. Et
partout des lanternes, vénitiennes ou japonaises,
en forme de tulipe et d'étoile, enrichies d'inscriptions, décorées de découpures et d'images.
Une vieille femme promène sur sa charrette à
bras des Bastilles de son invention, en bois
léger et transparent comme du papier, et qui
font le plus bel effet quand on allume dedans une
bougie.

« — Il paraît que la place de la République sera splendide... Ceux des Gobelins ont une statue colossale... Le lion de Belfort est installé boulevard d'Enfer... Et l'illumination du Luxembourg... et les feux d'artifice... et les bals dans les rues... »

Le vieux sang parisien s'est réveillé ! Il faut que le quartier se distingue. La tête va, les mains démangent ; on pose un drapeau, on suspend une lanterne, oh ! pas définitivement, seulement pour juger du coup d'œil ; puis on laisse le tout, une fois en place, et voilà la rue plus qu'à moitié pavoisée. Il s'agit maintenant de s'entendre avec les voisins : avec ceux d'à côté, pour donner une certaine régularité à l'ornementation des façades ; avec ceux d'en face, pour organiser par-dessus les passants une voûte de pavillons flottants et de girandoles. Chacun invente, s'ingénie. Il m'a été donné d'admirer un transparent mirifique que l'auteur lui-même disposait. Cela représente tant bien que mal un soldat de 92, terrible, brandissant un grand sabre ; dessous est écrit : « Vive la paix ! » La légende, au premier abord, semble jurer avec l'image ; mais qu'importe, si le sentiment y est ?

Je suis revenu par le quartier latin : des étudiants passaient, futurs grands hommes qui auront plus tard le temps d'être graves ! Ils avaient arboré le béret rouge à flot tricolore ; et, le cœur ému de voir combien cette fête

s'annonçait belle et fraternelle, je n'ai pu
m'empêcher de songer, non sans amertume, et
sans une secrète envie, aux tristes « 15 août »
de nos vingt ans, quand, fuyant, aussi loin que
le permettait notre bourse, la badauderie cour-
tisanesque et les réjouissances commandées,
nous allions à Meudon, à Verrières, lire les
Châtiments sous une tonnelle, poursuivis jusque-là du bruit importun des pétards et nous
irritant contre ces fusées officielles qui, là-bas,
sur Paris, déchiraient la nuit et montaient
éclater dans les étoiles.

III

Il avait l'air pauvre, si pauvre.

La redingote de drap noir luisait limée par le
crin dur des brosses, mais on devinait à la
poussière que depuis longtemps son propriétaire ne la brossait plus. Le chapeau semblait
arrivé à cet état de maturité persistante où, —
par un phénomène physique inexpliqué qui
s'observe également sur les vieux livres deve-
nus bouquins, — les chapeaux cessant tout à
coup de peler et de roussir s'immobilisent, dé-
cidés qu'ils sont à ne plus s'user et à ne périr
désormais que de mort violente. Les pantalons
déséquilibrés, remontés trop haut de la jambe
gauche, avaient au bas de la jambe droite un

ourlet de boue mal séchée. Les souliers... comment les décrire ? Je les vois encore encroûtés de crotte, plats, immenses, spongieux et mous.

Quel était cet homme ? — Un résigné sans doute comme Paris en connaît tant, tombés un beau jour du haut d'une ambition ou d'un rêve, trop meurtris pour recommencer, et gardant jusqu'à la vieillesse, dans leurs yeux toujours enfantins, l'étonnement douloureux de la chute.

La journée s'annonçait maussade : du noir au ciel, du brouillard dans l'air. Merles et moineaux se taisaient sous les massifs trempés d'eau ; le grand bassin lui-même (car ceci se passait au Luxembourg), le grand bassin taché de feuilles mortes frissonnait tristement en attendant la pluie.

Mon philosophe, mettons que ce soit un philosophe ! paraissait vivement préoccupé des menaces de l'atmosphère. Il sondait l'horizon, interrogeait les nuages, hochant de temps en temps d'un air inquiet sa bonne vieille tête grise.

Tout à coup, le ciel s'éclaircit ; des oiseaux chantèrent ; des rayons passèrent par un trou bleu ; et, voyant la pièce d'eau reluire comme un plateau d'argent semé de poussière d'or, le cygne, rassuré, sortit de sa cabane.

— Allons, tant mieux, tant mieux ! eut l'air de dire mon philosophe, le temps sera beau pour la fête !

Ce juste m'intéressait; je le suivis.

Rassuré sur le sort de la journée, il sortit du jardin par la grille qui fait face au théâtre de l'Odéon.

Il allait voir les préparatifs, le brave homme ! et trottinait un peu pressé avec cette allure particulière des gens qui se promettent beaucoup de joie.

La rive gauche s'animait.

Comme un subit coup de soleil venant après une belle pluie fait les morilles montrer leur nez dans la terre grasse des vignes, de même à ce premier rayon partout les drapeaux semblaient éclore; leur reflet éclairait les rues; dans le vent de leurs plis remués passait un frisson de *Marseillaise*.

Et celui que je suivais se mêlait à la foule avec délices, discrètement néanmoins, en évitant de coudoyer les dames, car il se savait vieux et mal mis.

Sur la place de l'Odéon, avec des planches et des tréteaux, les gens du quartier improvisaient une estrade : il regarda longtemps cette estrade!

Rue Racine, des ouvriers maçons, en train de réparer les grands magasins d'eau de la ville, avaient, sans arrêter leur ouvrage, orné de fleurs, de rubans et d'un magnifique écusson portant l'R. F. en lettres d'or le tambour de leur treuil à élever les pierres de taille. Mon philosophe s'arrêta encore, trouva l'idée touchante et sourit.

Puis il enfila la rue Monsieur-le-Prince, la rue Dauphine, atteignit les quais et passa l'eau, voulant s'assurer par lui-même qu'on illuminerait la tour Saint-Jacques et les Halles.

De là, car décidément je m'étais attaché à sa fortune, de là nous nous engageâmes dans le dédale de petites rues, vivantes et pressées comme les compartiments d'une ruche en travail, qui s'emmêlent autour du quartier Saint-Denis et du Temple.

De rues, à vrai dire, il n'y en avait plus, mais une série d'arcs-en-ciel en enfilade ! Tout pavoisé, tout frissonnant, du rez-de-chaussée à la mansarde ! Une voûte de lanternes peintes, un firmament de pourpre et d'azur ! Que serait-ce quand viendrait le soir, avec les cris, avec la foule, le bruit des pétards, la pluie d'or des fusées, la féerie de mille lumières et les flammes de Bengale jetant du pavé jusqu'aux toits leur embrasement tricolore !

Mon ami inconnu était radieux.

Mais subitement il devint triste ; je le vis s'assombrir, baisser la tête, et, désormais indifférent au tumulte de la ville en fête, reprendre, les mains dans ses poches, le chemin par où nous étions venus.

L'existence des pauvres diables est pleine ainsi d'amers retours. Je me figurais ce qui se passait dans son âme : « — Eh quoi ! n'être rien, n'avoir rien ; ne pas pouvoir, comme les autres, faire luire au soleil un peu de son enthousiasme et de sa joie ; ne pas posséder un coin de fenètre au sixième à pavoiser pour les moineaux ! L'horrible garni sous les plombs, avec la fenêtre à tabatière qu'obstrue l'ombre des cheminées et sur qui parfois, les nuits de lune, quand on est couché grelottant, se dessine l'ombre d'un chat maigre ! »

L'homme repassa les ponts sans regarder l'eau.

Mais les idées tristes ne pouvaient durer longtemps dans cette tête d'enfant à barbe grise.

Arrivé sur le boulevard Saint-Michel, en face de l'archange armé de la lance et des monstres qui crachent de l'eau, il s'arrêta, fouilla dans ses poches, comme frappé d'une idée subite.

Un décrotteur était là, vêtu de velours bleu, avec ses brosses et sa boîte.

— C'est trois sous, n'est-ce pas ?

— Va pour trois sous, quoiqu'il y ait du travail pour quatre.

Et le décrotteur, Auvergnat solide, attaqua vivement d'un poignet exercé les souliers encroûtés de crotte, plats, immenses, spongieux et mous.

— Tiens ! le père Zénon qui se fait cirer ; fit un étudiant en montrant le bonhomme.

— Il aura fait un héritage.

Mais le bonhomme n'entendit point. Tendant la jambe, il souriait. Il était rouge de plaisir,

et son œil gris-clair regardant la foule endi-
manchée semblait dire :

— Et moi aussi, j'en suis ! et moi aussi je pa-
voise à ma façon, et moi aussi je prétends donner quelque éclat à cette fête patriotique.

LES CHOSES QUI S'EN VONT.

I

LE PASSEUR

Si vous avez plus de quarante ans et si votre jeunesse remonte au temps des bacs et des diligences, certain soir — vous en souvient-il? — voyageant dès la pointe du jour, vous arrivâtes à un endroit où une rivière coupait la route.

L'auberge était loin, la nuit tombait et pas de pont à dix lieues à la ronde.

Va-t-il falloir attendre là jusqu'au matin, dans l'herbe mouillée de la berge ?

Non ! De l'autre côté s'allume une petite lumière.

— Ohé, là-bas ?
— Ohé !
— Ohé !

La petite lumière marche.

La brise, par-dessus le courant, apporte le bruit d'une chaîne qu'on détache.

Puis des rames battent l'eau.

Une ombre glisse sur la rivière.

Et brusquement, presque à vos pieds, un batelet enfonce sa pointe dans le sable.

— Embarquons ! dit l'homme.

C'est le passeur.

J'ai connu un passeur en plein Paris.

Mais un vrai passeur, s'il vous plaît, avec le
bourgeron, la ceinture rouge et le bonnet de
laine à la marinière.

On l'appelait le père Jean.

Sa barque, lestée d'un caillou, faisait eau.

Ses rames étaient rapiécées.

Ainsi équipé, de temps immémorial le père
Jean passait le monde du quai de Passy au quai
de Grenelle.

Parfois il amarrait sa barque à mi-chemin,
le long de cette étroite bande de terre, moitié
île et moitié chaussée, qui a hérité du nom d'île
des Cygnes, depuis que, réunie au rivage, la
vraie île des Cygnes n'existe plus, pour y déposer deux amoureux que l'endroit séduisait par
son gazon ras et l'ombrage maigre de ses ormes,
ou quelque pêcheur désireux d'expérimenter,
loin de tout regard humain, un appât de son
invention.

Le père Jean prenait la rame avant le jour, à
cause des ouvriers des usines ;

Plus d'une fois, égaré par là, en promenade

matinale, il m'est arrivé d'entrer dans sa barque et de me faire passer ainsi, puis repasser, sans motif, pour le seul plaisir.

Quelle heure charmante !

Les berges, les ponts avaient disparu, et Paris, avec ses dômes et ses tours, semblait tout lointain dans le brouillard gris-clair qui montait de la rivière.

Puis, tout à coup, le brouillard gris-clair devenait rose, les coteaux boisés de Meudon, Auteuil et ses villas s'illuminaient au soleil levant.

Et je croyais vivre deux siècles en arrière quand, dans ces parages alors champêtres, la folle jeunesse de Paris venait s'ébattre sous les arbres, à la guinguette du sieur Bréant, sise au bord de l'eau, près du fameux moulin de Javelle ; ou quand, après déjeuner, Boileau, La Fontaine et Molière descendaient admirer les cygnes en liberté dont l'île était toute blanche, depuis que Louis XIV, par ordonnance du 16 octobre 1676, les avait placés là « sous la protection du public. »

Qui sait? par un jour pareil, tout comme le père Jean me passait, un ancêtre du père Jean avait peut-être passé ces hommes illustres dans sa barque !

La dernière fois que je le vis, le père Jean me sembla triste.

Non que le métier marchât mal, au contraire! Mais décidément cette plaine de Grenelle se peuplait trop. Les arbres faisaient place aux maisons, et c'était chaque jour, noircissant le ciel bleu, quelque usine, quelque fumée nouvelle.

Puis les Hirondelles, les Mouches, secouaient l'eau de leurs hélices et faisaient danser la Seine comme une mer. De sorte que le père Jean se chagrinait, ne reconnaissant plus sa rivière.

Hier, je visitais les travaux de l'Exposition.

Après avoir admiré la Babel de fer et de verre en train de couvrir le Champ de Mars ; après avoir admiré la colonnade, élégante comme un temple grec et grandiose comme un temple romain, qui déjà couronne le Trocadéro de son arc de cercle gigantesque, l'idée me vint d'aller dire bonjour au père Jean.

Une légion d'ouvriers bouleversait la berge jadis solitaire, et je ne pus arriver à l'eau que par un sentier, un vrai sentier de chèvre, tracé dans la glaise des terrassements.

Le père Jean n'était plus là.

— Il est mort voici quinze jours, me dit un jeune homme assis dans la barque.

— Et c'est vous qui le remplacez ?

— Pas pour longtemps, monsieur ! Le métier est fini, voyez-vous ! on construit pour l'Exposition une passerelle par-dessus l'île, et, l'Exposition terminée, la passerelle restera.

— Mais de quoi est mort le père Jean ?

— De quoi ?... De ça peut-être ! fit le jeune homme montrant du doigt la passerelle commencée, l'île coupée en deux pour sa chaussée et les énormes pilotis déjà plantés en pleine Seine.

Puis il ajouta :

— Après la barque, la passerelle ! Que voulez-vous, c'est le train du monde.

Et malgré ces philosophiques paroles, malgré les merveilles que l'Exposition nous prépare, je ne pus m'empêcher d'être triste au souvenir du vieux passeur.

II

UN FABRICANT DE THÈSES

Est-ce un bien ? Est-ce un mal ? Un bien, sans doute ! Mais en attendant que l'expérience ait décidé, chaque jour, fragments par fragments, le vieux Paris s'émiette.

Où sont les murs crevassés, les pignons branlants d'autrefois, et tant d'abris secrets, cachés dans les platras, sous les poutrelles ?

Se cognant vainement de l'aile et du bec aux façades sans trous des maisons neuves, déjà les moineaux francs ne peuvent plus loger qu'aux faubourgs.

La vie de même, se fait régulière, d'une régularité de boulevard en droite ligne, ou de square soigneusement ratissé ; et mille petits métiers ignorés dont mille pauvres gens vivaient, cessent peu à peu d'y trouver place.

Aussi ai-je éprouvé un sentiment de réelle tristesse à lire — l'œil attiré par l'italique — sur un morceau de journal déchiré dont une fleuriste du marché Saint-Sulpice m'avait entortillé un pot de fleurs, cette annonce précise et cruelle :

« *Suppression de la thèse de licence en droit.* Un décret de M. le président de la République, en date du 28 décembre 1880, et immédiatement exécutoire, dispose, dans son article 4, paragraphe 2, que la thèse de licence en droit est supprimée... »

— Parfait ! personne ne s'en plaindra.

— Comment ! personne ? Et ceux qui rédigeaient les thèses ?

— Les candidats ?

— Oh ! les candidats, on sait bien qu'ils ne les rédigeaient guère.

— Qui, alors ?

— Eh ! parbleu ! les autres ; ceux qui les rédigeaient pour eux : hommes de lettres sans journaux, savants sans chaire, avocats sans causes, professeurs fatigués, humanistes sur le retour, étudiants de quinzième ou de vingtième année, toute cette inoffensive et pittoresque bohème bazochienne ou sorbonnique, soupirant

14.

tout le long de l'an, comme les Hébreux au
désert espéraient la tombée des cailles, après
les *mois d'examen*, saison bénie où, sur la montagne Sainte-Geneviève, les thèses à faire pleu-
vaient.

Si encore les malheureux avaient été prévenus ! D'ici au printemps, on aurait pu voir, se
retourner, viser autre chose. Mais non, le décret est immédiatement exécutoire ; immédiatement, hélas ! en pleine neige, en plein
hiver !

Sur la rive ganche, en mon temps, j'ai connu
un de ces faiseurs de thèses. Il était pauvre,
cela va sans dire ! et vieux par-dessus le marché... Nous savions qu'il avait professé jadis.
Lui-même parlait quelquefois, mais doucement,
discrètement, du coup d'État, de dénonciations,
de carrière brisée... Latiniste hors de pair, et
particulièrement amoureux des auteurs de la
belle époque, à la vérité, pour écrire ses thèses, un si fin latin le gênait. Sortant des Géor-
giques ou des lettres à Atticus, tout fleuri encore de Cicéron et tout parfumé de Virgile, il
lui en coûtait de se plier aux brèves formules,
au tour de phrase rude et net des Pandectes et
des Institutes. Il s'oubliait, perdait du temps,
soignant le mot, recherchant les élégances, enveloppant d'irréprochables périodes Gaius, Papinien, Paul, Ulpien, Modestin. Papinien et Modestin ne lui en savaient, certes, aucun gré.

Epigraphiste convaincu, il triomphait dans la

dédicace ! Et jamais personne, comme lui, d'un style plus sobrement lapidaire, ne combina, ordonna, superposa en plus savante pyramides les interminables « A mon père ! — A ma cousine ! — A mon parrain ! — A mon oncle à la mode de Bretagne ! *(Secundum Britannorum consuetudinem avunculo !)* » dont les nourrissons du barreau aiment décorer le portique de leur brochure.

Il fit en ce genre des chefs-d'œuvre.

« Sous le Roi-Soleil, disait-il, on m'eût pensionné, nommé peut-être de l'Académie des inscriptions, et vous auriez de mon latin sur un grand nombre de médailles, de fontaines et de portes de ville. »

Mais tout cela sans amertume ! Enfant d'un siècle sévère aux muses, il avait renoncé à la gloire, heureux encore que tant de savoir et de goût pût lui servir à peu près de gagne-pain.

Où dînait-il ? « J'ai pris l'habitude de dîner chez moi. » Seulement, nul ne sut jamais où était ce « chez moi ». Il déjeunait d'un riz au lait à la crêmerie, travaillait dans les bibliothèques, et, comme il n'est existence si modeste qui puisse se passer de luxe, il dépensait un sou, c'est le prix, pour lire les journaux, debout, sous les arcades de l'Odéon. A la fin même, il avait trouvé moyen d'économiser ce sou : il s'était entendu avec une marchande dont il gardait le kiosque pendant qu'elle déjeunait, de midi à une heure, gravement installé au milieu

des illustrés suspendus, des accidents, des as-
sassinats, des caricatures, parcourant les feuilles
d'un œil et de l'autre surveillant la vente. Le
pauvre homme se cachait de cela ; l'ayant remarqué, nous évitions de passer devant le kiosque.

Ses seules fêtes étaient les dîners de thèse où
généralement le récipiendaire l'invitait. Il avait
un habit qu'il mettait ces soirs-là. Mais toujours
il s'éclipsait au dessert, soit par discrétion, soit
qu'il ne se souciât pas de compromettre son latin et ses cheveux blancs dans le pèlerinage
à travers tous les cafés du quartier qui est
l'ordinaire couronnement de ces juvéniles
agapes.

Que de joyeux garçons il vit ainsi s'élancer
dans la vie, riches d'ambition, portés par l'espérance ! Il suivait de loin leur fortune ; et quand
l'un d'eux réussissait, brillait soudain, se révé-
lait dans les lettres, le barreau ou la politique.
« C'est pourtant moi, qui lui fis sa thèse, en 60,
en 65 !... », disait-il avec un bon sourire à la
fois résigné et doux ; et pour tout un jour, pour
toute une semaine, le pauvre vieil homme était
heureux.

Depuis longtemps je ne l'ai plus revu ; mais
peut-être vit-il encore, dans sa décente pau-
vreté, mangeant son riz au lait chaque matin,
et chaque après-midi lisant les feuilles dans son
kiosque.

C'est pour cela qu'une banale annonce, sur

un morceau de journal déchiré, autour d'un pot
de fleurs, m'a attristé; c'est pour cela que ma
main eût tremblé comme la main tremblait à
Titus paraphant un arrêt de mort, si, président
de la République ou ministre, il m'avait fallu
signer le décret, fort juste d'ailleurs, qui sup-
prime ainsi, en pleine neige, en plein hiver,
l'inutile thèse de licence.

III

LE PROFESSEUR DES PIFFERARI

J'ai rencontré hier un pifferaro, — ce que
j'en dis n'est pas pour dénoncer sa présence à
la police, — mais un pifferaro pareil à ceux
qui se promenaient à travers Paris en faisant
de la musique, avant l'arrêt de grande expulsion,
un pifferaro véritable, avec le feutre pointu
orné d'une plume de paon, la veste de velours
bleu coupée à la taille, la culotte amadou, les
espadrilles, et, garantissant du froid ses mollets,
des jambières de laine tricotée, couleur de la
bête.

Il avait douze ans tout au plus, ce minuscule brigand calabrais! Il entrait bravement
dans les cours; et le reste de l'orchestre, la
zambogne et le galoubet, ayant été sans doute
arrêtés faute de papiers, tout seul il essayait

d'exécuter le *Miserere* de Verdi sur un triangle.

La vue du pifferaro m'a rappelé soudain un souvenir qui remonte à l'époque déjà lointaine où, dans les cafés de la rive gauche, les pifferari florissaient.

Au café que nous fréquentions alors venait régulièrement un vieux monsieur propret, discret, qui passait son temps, en allongeant d'eau sa demi-tasse, à copier de la musique, près du comptoir, sur une table qu'on lui laissait et que l'habitude avait faite sienne. A copier ? Non ! à composer plutôt, car parfois il souriait aux croches et aux doubles-croches d'un air satisfait et glorieux que n'ont pas les vulgaires copistes, et parfois aussi il s'arrêtait, la plume en l'air et les yeux levés, comme pour chercher au plafond quelque flottante mélodie.

C'est un incompris, pensions-nous, pauvre diable qui s'imagine avoir des chefs-d'œuvre en poche et que personne ne veut jouer !

Le vieux musicien était souvent triste ; mais quand par hasard entraient des pifferari, subitement il s'égayait. Il leur parlait en italien, leur demandait des morceaux et, de son coin, paternellement, battait la mesure. On eût dit aussi que les pifferari avaient pour lui un certain respect.

Les habitués d'un café forment une franc-maçonnerie ; au bout d'un mois, sans l'avoir cherché, nous nous trouvâmes être les amis du vieux musicien.

Un dimanche il me dit : — Ne manquez pas d'être là ce soir, les pifferari doivent nous donner du nouveau.

Le soir, on le vit arriver, joyeux, rajeuni, rasé de frais, avec une belle cravate blanche. Les pifferari, en préludant, semblaient inquiets.

Les pifferari nous étonnèrent : au lieu de l'éternelle « Santa-Lucia », du « Mangia macarone » ou du « Papagaccino », ils jouèrent je ne sais quelle musique délicieusement vieillote, une musique chevrotante sentant l'iris et le Directoire, retrouvée sans doute entre les pages d'un cahier jauni sur une épinette, dans quelque salon de campagne qu'on n'aurait pas ouvert depuis soixante ans. Et la harpe sonnait légèrement en pizzicati vagues comme un souffle ; et le violon se faisait doux, modérant sa fougue italienne ; et Nerina, la petite chanteuse brune, soupirait à mi-voix, avec son accent étranger, des paroles naïves où il était question d'un berger appelé Tircis, d'ormeaux, de chalumeaux, de roses, de nids et de bocages.

Nous applaudîmes beaucoup, et la quête fut bonne. Dans son coin, — tout rouge d'abord, pâle à la fin comme sa cravate, — le bon vieux musicien pleurait...

Cette émotion, d'ailleurs renouvelée en des séances analogues, inquiéta notre curiosité. Nous essayâmes d'interroger le vieux musicien. Mais le vieux musicien se confiait peu. Bientôt, malade ou mort, il cessa de venir. On l'oublia ; et, sans une de ces rencontres qui font le charme et l'imprévu de la flânerie, je n'aurais probablement jamais eu l'explication du mystère.

Un jour, traversant le pont des Saints-Pères, une voix connue qui sortait d'un fiacre en marche, m'arrêta. C'était le docteur, mon docteur ! un homme savant quoique jeune, très curieux quoique savant, et qui ne dédaigne pas, en faisant ses visites, d'étudier par la portière les singularités de la rue. — « Vous ne faites rien, je vous emmène. —Où ?—Pas bien loin, en Italie. —!... — Oui, derrière le Panthéon, une Italie que j'ai découverte. »

Chemin faisant, il me révéla ce coin de Paris que j'ignorais : toute une grouillante colonie d'Italiens et d'Italiennes, mouleurs, marchands de *santi belli*, modèles et petits chanteurs installés ensemble et vivant comme à Rome, Florence ou Naples, sur les pentes peu ensoleillées de la montagne Sainte-Geneviève. — « On ne connaît pas ces mœurs-là ; on s'imagine, par exemple, que les Paganini des rues viennent au monde avec un violon et savent le *Trovatore* de naissance. Pas du tout ! ils ont des professeurs qui leur enseignent la musique, les font répéter chaque matin et déchiffrer les airs nouveaux aussi sérieusement et meilleur marché qu'au Conservatoire... Des maîtres, aujourd'hui célèbres, ont débuté par ce métier-là... C'est par ce métier que d'autres finissent... Et tenez, précisément je vais visiter un pauvre homme... »

La voiture venait de s'arrêter à l'entrée d'une de ces rues jadis bourgeoises, mais qui paraissent si noires et si étroites aujourd'hui par comparaison avec la ville nouvelle. — « Nous y voilà ! mon professeur de pifferari est en train de donner sa leçon... » En effet, d'un sixième étage descendait un charivari d'instruments à cordes et de voix. — « Venez avec moi, c'est intéressant ! »

Dans une chambrette à mansarde, coiffé d'un bonnet de coton, un cahier sur son lit, et battant la mesure, je retrouvai... qui?... mon vieux musicien du café, en train de seriner l'opérette nouvelle à une demi-douzaine de galopins plus ou moins revêtus d'un vague costume national, noirs comme charbon, hérissés comme des chataignes.

Alors je compris.

Heureux peut-être en son jeune temps, ayant rêvé fortune et couronnes, ni plus ni moins que ce M. Médard dont Charles Monselet a tracé dans ses poésies la comique et attendrissante silhouette, c'est ainsi que maintenant le vieux musicien gagnait sa vie. Mais comme l'artiste, si désillusionné soit-il, ne saurait renoncer entièrement à l'admiration des hommes, de temps en temps (de temps en temps seulement, car il ne faut abuser de rien et le public a si mauvais

goût!) de temps en temps il glissait un morceau
de sa composition dans le répertoire courant
des virtuoses de la rue, joué quand même, entendu après tout, et consolé par cette humble
gloire.

IV

VOILA L'AMATEUR

*L'amateur!... Voilà l'amateur!... Demandez
l'amateur!*

J'entendis ce cri, sans pouvoir deviner qui le
poussait, un matin près des halles, en pleine
foule, au milieu d'un inextricable embarras de
voitures dont, vibrant et strident bien qu'à
peine perceptible, il dominait les rumeurs et
les bruits, de même que, sur les côtes désertes
du Languedoc, une cigale solitaire cramponnée
aux branches d'un tamaris, fait résonner son
maigre chant plus haut que le fracas d'un lendemain de tempête.

Quelques jours après je l'entendis encore.
C'était le long des hautes maisons d'un quai de
l'île Saint-Louis. La nuit venait, les dernières
lueurs du couchant allaient s'affaiblissant derrière Notre-Dame, et ce cri perdu dans le silence du vieux quartier me parut singulièrement mélancolique.

L'amateur !... Voilà l'amateur !... Mais j'aperçus l'homme, cette fois.

Du linge blanc, un chapeau haut, une redingote décente, des chaussures fatiguées peut-être mais cirées avec le plus grand soin, indiquaient une laborieuse médiocrité sans rien qui sentît la misère. L'amateur ne ressemblait pas au commun des industriels de la rue. Vous eussiez dit plutôt quelque gentilhomme ruiné qui garde d'un passé plus heureux un air de dignité et de politesse.

L'amateur portait sous le bras un carton enveloppé de lustrine verte. Il marchait à petits pas et, s'arrêtant de temps en temps pour interroger d'un rapide regard les cinq étages de quelque maison à lui probablement connue, il laissait monter et filer son cri : *L'amateur !... Demandez l'amateur !...*

L'amateur de quoi? Je grillais de l'apprendre, et je m'approchais déjà, prêt à risquer une question sans doute indiscrète, quand, au balcon d'un hôtel à fronton jadis écussonné, un rideau se souleva, un coup d'ongle tinta sur la vitre, et l'amateur, soudain, disparut par la lourde porte à heurtoir qui s'ouvrit sans qu'il eût frappé, me laissant sur le quai, tout seul et fort intrigué de l'aventure.

L'aimant mystérieux qui fait que deux flâneurs en train de flâner se rencontrent fatalement, jeta ce soir-là au travers de ma promenade un vieil ami, grand contemplateur par

état, curieux d'inconnu comme l'était Rétif de
La Bretonne, et qui met un vif amour-propre
à n'ignorer rien des singularités du Paris des
rues.

Je lui parlai de l'amateur ; il ne le connaissait pas et parut vexé.

Le lendemain au saut du lit, il venait me sur-
prendre :

— « Eh bien, je l'ai vu, ton amateur ; je lui ai
causé... Sur son passé : motus ! Quand j'ai eu
l'air d'insister trop, il a coupé court à la con-
versation avec le plus agréable sourire. J'ai dû
me rabattre sur les on-dit. Le bruit court que,
très riche autrefois, il aurait dissipé sa fortune
en jouant, à Monaco et dans les cercles. Une
fois le magot fini, très honnête au fond, et
comme il fallait vivre, il imagina de transformer en gagne-pain ce qui avait été la cause de
sa ruine. Son idée d'ailleurs est ingénieuse ; elle
repose sur ce raisonnement : dans l'immense
Paris, toujours courant, toujours en travail, les
journées doivent sembler longues à ceux que re-
tiennent au logis la vieillesse et la maladie. Si
on essayait de les distraire un peu, si on com-
battait leur ennui, si on peuplait leur solitude ?
Et, prenant sous son bras une petite boîte
recouverte de lustrine couleur d'espérance, il
s'est mis à débiter à prix modérés cette mar-
chandise nouvelle : la consolation et l'oubli.

— Comment ! sa boîte contiendrait...

— Oh ! tout simplement un jeu de cartes, un

damier et des dominos. Proprement vêtu, de formes parfaites, discret et se présentant bien, l'Amateur, moyennant une juste rétribution, monte dans les maisons et fait la partie des malades qui veulent bien l'honorer de leur confiance. Ne ris pas ! C'est à sa manière un bienfaiteur de l'humanité, et tel, que les drogues ne soulageaient guère, se sent maintenant tout ragaillardi quand vient l'heure où passe l'homme à la boîte verte. »

L'homme à la boîte verte est heureux. Au commencement, on se méfiait ; mais aujourd'hui la pratique abonde. Même dans certains quartiers bourgeois, on commence à prendre des abonnements.

Et puis, il n'y a pas que les malades. L'hiver, la clientèle s'augmente du peuple innombrable des gens frileux et casaniers : vieilles dames jadis aimées, qui vivent seules, souriantes, avec un carlin et des souvenirs, dans une chambre encore meublée à la mode de leur jeunesse ; vieux garçons, que la vue de la neige dans les rues ou la crainte d'un soudain verglas détournent d'aller au café ce jour-là. — Dans une heure, l'Amateur passe, il faut que je le roule au piquet !

Ce sont des aubaines pour l'Amateur. On rapproche la table du feu, on ferme les rideaux, on allume la lampe. Dans le rond de lumière de l'abat-jour une partie à deux s'engage, féroce d'abord mais bientôt s'éparpillant en causeries ;

et le pauvre homme, lassé et glacé d'avoir battu
le pavé des rues, peut, tout en gagnant le pain
du jour, oublier le présent et se donner une
illusion de son existence heureuse d'autrefois.

*L'amateur… Voilà l'amateur… Demandez
l'amateur !*

Vous saurez à quoi vous en tenir maintenant,
quand montera du trottoir jusqu'à vos fenêtres
ce cri plaintif et énigmatique.

En tout cas, il nous a paru intéressant de croquer dans ce léger crayon l'inventeur d'une
industrie nouvelle qui manque, sauf erreur, à
la collection déjà si nombreuse des petits métiers de Paris.

V

UN SCIEUR DE BOIS

Entre toutes les physionomies qui charmèrent
notre première enfance, et dont le souvenir,
malgré les années, persiste toujours agréable et
doux, est celle du scieur de bois. Non qu'il fût
joli, au contraire ! Dur à l'ouvrage, ne parlant
pas ou ne sortant de son silence que pour
s'exprimer en un jargon sauvage et pierreux,
cet homme barbu, étranger à la ville, avait un
abord des moins avenants : son costume en velours bleu, blanchi aux genoux et encore ail-

leurs par l'usage, n'était pas d'une coupe fort
recherchée. Mais voilà ! la présence du scieur
de bois devant les portes et dans les cours annonçait l'hiver, saison fertile en joies spéciales
et chère aux écoliers amoureux de tout changement. Pour l'admirer, on manquait la classe ;
et, tandis que, le pied gauche sur la bûche posée en travers du chevalet, il faisait aller et
venir, dans un feu d'artifice de sciure, sa belle
scie à lame luisante, nous rêvions du foyer
flambant, des écroulements de cendres et de
braises rouges, tandis que, ruisselant de jus,
tournait doucement le dinde en broche, et
qu'on réchauffait ses mains transies, après
quelques bonnes longues courses le long des
ruisseaux, dans les prés gelés.

J'avais retrouvé (imaginez quel ravissement !)
oui, retrouvé en plein Paris le scieur de bois
qui charma mon enfance. Le même, ou du
moins peu s'en faut : même scie, même chevalet, mêmes marques blanches aux parties saillantes du même indestructible pantalon bleu.
Seulement, là-bas, dans les Alpes, mon scieur
était Savoyard, au lieu que celui-ci, brun de
poil et de peau, faisait plutôt l'effet d'un Auvergnat.

Il sciait son bois dans un chantier que j'aperçois d'ici, de ma fenêtre. Chantier pareil à tous
les chantiers. Sur la porte, une image gigantesque se dresse : sapeur ou garde national. Au
milieu de l'enclos est resté un arbre solitaire.

témoignant qu'il n'y a pas longtemps, si près des barrières, l'endroit était un champ ou un verger. En a-t-il vu scier de ses frères ! Parfois le propriétaire le regarde, et, demain peut-être, son tour viendra. En attendant, il pousse au ciel ses branches et verdit ou bien se dépouille, suivant le cours régulier des saisons.

Tant que dure l'été, le chantier demeure à peu près vide. Des poules s'y promènent. Les enfants viennent y jouer. Assez loin, par-dessus les piles que le dernier hiver abaissa, j'aperçois les hautes façades d'un boulevard, avec leurs étroites fenêtres piquées çà et là de points blancs qui sont des ouvrières au travail ou des petits rentiers en train de cultiver un pot de fleurs.

Mais dès que le mois d'août touche à sa fin, mon chantier s'anime et prend vie. Les fouets claquent, les grelots sonnent ; des jurons, des bruits d'attelages! et, le matin, pour peu qu'un coq surexcité chante, pour peu que les pigeons roucoulent sur le toit d'à-côté, rien n'empêche de croire qu'on se réveille dans quelque ferme à l'heure du départ pour la fenaison ou le labour.

Le bois arrive par charretées. Il est jeté en tas sur le sol. Peu à peu cependant les piles montent en entassements réguliers, merveilles de précision et d'équilibre, où des constructeurs savants savent ménager des arches hardies au travers desquels apparait l'azur, et des couloirs mystérieux précédés de portes triangulaires, d'un style barbare et primitif comme au tombeau d'Agamemnon et dans les hypogées d'Égypte. Bientôt l'édifice dépasse le toit des maisons, me cachant pour quatre bons mois la vue de mes voisins d'en face. A vrai dire, je ne m'en plains pas. L'aspect général est pittoresque. Et puis ces grandes bûches, coupées d'hier et humides encore, semblent vivre. Il y a dessus des mousses fraîches aux belles teintes mordorées, des lichens gris à reflets d'argent. Les moineaux, par milliers, s'abattent en piaillant, joyeux de piquer du bec les insectes dépaysés qui se cachent sous le fin satin du bouleau et l'écorce brune et fendillée du chêne. La sève saigne où trancha la hache. Et de ces lichens, et de ces mousses, de ces troncs et de ces écorces, — bouquet immense embaumant le quartier comme ferait dans une chambre une brassée de fleurs coupées, — se dégage cette bonne odeur de forêt, saine au cerveau non moins qu'aux poumons.

L'âme du chantier, c'était mon vieux scieur de bois. De l'aube à la nuit, je le voyais là : pendant les beaux jours cherchant le frais au pied de l'arbre ; et se mettant à l'abri sous l'arche, les jours de pluie quand l'eau ruisselle, ou l'hiver quand la neige fait aux grandes piles un toit blanc d'où descendent, avec une goutte d'eau tremblante au bout, des stalactites de glace. Mais, hiver comme été, il travaillait, ne s'interrompant de loin en loin que pour boire un coup à sa bouteille, frotter sa lame d'une couenne de lard, ou bien, escaladant une des piles, faire s'écrouler d'en haut, à grand fracas, une avalanche de bûches.

Par les grands froids, quand la besogne pressait, on lui adjoignait deux ou trois compagnons. Mais, la plupart du temps, il suffisait seul aux besoins de la clientèle. L'homme ne semblait point malheureux. Il se plaisait à son métier, comptant ainsi gagner de quoi aller finir ses jours en paix dans la verte forêt natale. Ne pouvait-il pas, d'ailleurs, sans grand effort, s'imaginer y être déjà?

Hélas! le scieur de bois ne viendra plus! Il n'y a plus de scieur de bois. Le scieur de bois entre dans le passé, tué par l'industrie, comme le conducteur de diligence!

Depuis quelques jours, j'entendais un grand remue-ménage dans le chantier : bruit de fer qu'on bat, de tôle qu'on cloue. Ce matin, un ronflement formidable me réveille, coupé à intervalles égaux par quelque chose comme qui dirait un coup de gong ou de cymbale : « Brou, brou, brou, brou... Bing! — Brou, brou, brou, brou... Bing! » En même temps se répandait cette abominable odeur sulfureuse de la vapeur d'eau combinée avec les fumées de la houille. Une locomobile était installée au beau milieu du cha ntier, activant précipitamment je ne sais quel engin frénétique. « Brou, brou, brou, brou,

brou... » On présente une bûche, elle glisse,
elle est prise : « Bing !... » et voilà la bûche dé-
bitée. « Brou, brou, brou... » Maintenant, à une
autre bûche !

C'est tout simplement admirable ! En moins
d'une semaine le chantier va être nettoyé, et
des rondins bien réguliers s'y aligneront par
rangs égaux comme des fémurs dans un os-
suaire.

Un chauffeur, tout noir de charbon, alimente
et dirige la machine.

Et malgré cela, je regrette mon ami, le vieil
Auvergnat qui depuis tant d'années, de l'aube
à la nuit, lentement, amoureusement, sciait, en
songeant à son pays, les belles bûches moussues, au cœur saignant, à l'écorce humide.

VI

LE DERNIER PÉAGE

Le péage !

Quels souvenirs ce mot rappelle ! Il faisait
nuit, tout le monde, dans la diligence, dormait
bercé au ronflement des roues, au bruit du trot
et des grelots, ouvrant l'œil parfois, quand
survenait un heurt, pour entrevoir, à travers
la même vitre mal lavée, le même morceau de
route blanc sous le reflet des lanternes, et les

mêmes harnais tressautant sur les mêmes croupes fumantes. Soudain on s'arrête ; la portière s'ouvre ; le rayon d'un fanal illumine un rang de figures maussades et ensommeillées : « Messieurs les voyageurs, deux sous !... » Une grille roule, les sabots des chevaux vont lentement, avec un bruit de tambour, sur le bois mou d'un tablier de pont suspendu ; par le vasistas abaissé, entre le vacarme des eaux dans l'ombre et le courant d'air d'une vallée ; autre grille, les sabots des chevaux recommencent à sonner plus clair et plus vite, chacun peu à peu se rendort, tandis que, du haut de son siège d'impériale, le conducteur facétieux s'écrie : « Ohé ! batelier, peut-on passer la rivière ? » Et se répond à lui-même en chantant : — « Les canards l'ont bien passée... turelu-relure !... »

Le péage que j'ai découvert est en plein Paris, loin de la rivière, et n'a pas ce cadre pittoresque.

On le trouve au fond d'un passage privé qui va de la rue Meslay à la rue Notre-Dame-de-Nazareth, parallèles toutes deux au boulevard Saint-Martin, et sans autre communication entre elles de la rue Saint-Martin à la rue du Temple.

Pour les oisifs, le détour est peu de chose ; pour le commerçant et le travailleur, c'est un bon quart d'heure perdu chaque fois, à cause de cette muraille de Chine qui sépare si mal à propos le quartier des Petites-Écuries, centre de la commission, et les rues industrieuses des alentours des Arts-et-Métiers où l'article-Paris entasse ses merveilles.

Le temps est de l'argent, ici comme à Londres; et l'employé qui se rend aux achats, le petit fabricant qui rapporte ses commandes ou va proposer ses modèles, n'estiment pas trop cher de sauver, moyennant un tribut de cinq centimes, un quart d'heure de leur journée.

C'est précisément un fabricant qui m'a montré l'endroit; je ne l'eusse jamais deviné tout seul, car la maison n° 53 de la rue Meslay, où est situé le passage, n'a rien qui la distingue des autres maisons.

Un corridor assez sombre ; ensuite une cour étroite et longue ayant pour monument un puits avec sa poulie, sa corde usée et ses sceaux qui mouillent la margelle.

Au fond, sur la loge du concierge, une main indicatrice peinte en noir et accompagnée de cette inscription :

ICI ON TRAVERSE POUR 5 CENTIMES

Traversons !

Autrefois, paraît-il, on n'avait qu'à glisser un sou dans un trou de tirelire pratiqué au-dessus du loquet, et, grâce à une bascule invisible, la porte était ouverte mécaniquement; mais des habitués plus ingénieux que délicats, ayant imaginé de remplacer la pièce de monnaie régle-

mentaire par des rondelles en zinc de même
diamètre et de même poids, le propriétaire a
dû renoncer à ce patriarcal système de percep-
tion.

Nous remettons donc tout simplement nos
5 centimes aux mains d'une vieille gardienne.

Elle tire le cordon, et nous voilà sur le palier
d'un escalier, aux marches de briques, à la
rampe en bois.

La rue de Nazareth, que nous cherchons, se
trouvant sensiblement en contre-bas de la rue
Meslay, il nous faut descendre trois étages à
travers une vieille maison, d'aspect laborieux et
honnête, qu'habitent des fabricants de joujoux.

Ce chemin nous conduit dans une seconde
cour, noire entre de hautes murailles bar-
bouillées au lait de chaux jusqu'à une certaine
hauteur pour refléter un peu de jour. Le pavé
est couvert de rognures de fer-blanc découpées
au ciseau, ajourées à l'emporte-pièce. Des chevaux en carton sèchent sur des planches.

A la fenêtre d'un entresol, une fillette coud ;
on aperçoit son front penché, ses cheveux d'or,
entre un pot de pensées et la cage où gazouillent des canaris. Quand nous passons, elle lève
la tête, nous regarde, puis regarde un rayon
de soleil qui luit à dix mètres en l'air, sur l'angle
du toit.

Encore un corridor ! Cette fois le voyage est
fini, et nous débouchons rue Notre-Dame-de-
Nazareth.

Ce passage payant est plus fréquenté qu'on ne croirait. Il a ses abonnés à l'année et au mois. En dehors des abonnements, on y fait encore une recette journalière de deux francs cinquante et trois francs en moyenne.

Mais, hélas! son heure suprême a sonné. A quelques pas plus loin, les démolisseurs sont en train de transformer l'impasse du Pont-aux-Biches en une rue qui, continuant la rue Volta, joindra la rue Meslay aux rues de Notre-Dame-de-Nazareth et du Vert-Bois. Le passage à un sou va, sinon disparaître du moins devenir inutile. On le délaissera pour la rue nouvelle. Et, dans la vieille cour désormais solitaire, la fillette qui coud à sa fenêtre d'entresol, derrière une cage et un pot de fleurs, regardera plus mélancolique le rayon, à l'angle du toit.

VII

TROMPES EN TERRE ET CORS DE CHASSE

Je les entendais d'ici, les autres années! Par-dessus le toit des maisons, par-dessus les murs des jardins, à travers les vitres frémissantes, arrivait jusqu'à moi le sauvage éclat de leurs fanfares; et, sans quitter le coin de mon feu, je me figurais le Paris du mardi-gras avec tous

les gamins armés de trompettes en terre, tandis
que des gens d'un âge déjà mûr, la face écarlate,
l'œil saillant, sont en train de s'époumonner
aux entresols des marchands de vin, dans de
gigantesques cors de chasse. Quelques virtuoses, parmi ces derniers, poussaient même l'a-
mour de l'art jusqu'à promener leur musique
en fiacre, de sorte que les fiacres, le pavillon
d'un cor à chaque portière, roulaient par les
rues, répandant des flots d'harmonie.

« Pour les trompes en terre, me disais-je,
passe encore ! La forme et la matière sont
primitives, et les notes que de jeunes lèvres en
tirent font rêver aux rauques concerts mimal-
lonéens et aux antiques bacchanales. Mais pourquoi les cors? Pourquoi, tous les ans, dans notre
cité industrieuse et paisible, cette invasion d'instruments mérovingiens? Roi Dagobert que me
veux-tu? Le temps n'est plus, cependant, où l'on
chassait l'ours et l'auroch sur l'emplacement de
Notre-Dame-de-Lorette ; sans compter que le
son du cor, agréable peut-être, le soir, au fond
des bois, est désagréable en plein midi, au tournant d'un boulevard. »

L'année passée, plus d'un citadin allait ainsi
se plaignant des cors de chasse. Peut-être les
regretterons-nous, maintenant qu'une ordonnance de police vient de supprimer, ou peu s'en
faut, cette dernière poésie en carnaval. Sous
prétexte qu'on pourrait les confondre avec les
cornets des tramways, la préfecture leur inter-

dit les voies nouvelles, larges, claires, sillonnées de rails; et les relègue aux noirs carrefours,
aux boyaux tortueux, aux impasses mal famées.
Le cor de chasse, la chose est à craindre, le
cor dè chasse parisien ne survivra pas à cet
exil !

Il avait pourtant du bon, le cor de chasse ! Les
êtres moustachus qui en sonnaient avaient du
bon aussi, malgré leurs sourcils constamment
farouches; et l'on n'imagine pas les trésors de
patience et d'angélique douceur qu'il faut posséder, sous un gilet de velours à côte, pour exécuter cette chose qui paraît simple, pour sonner du cor de chasse à Paris.

Avez-vous quelquefois, dans une vigne, après
une pluie tiède, vu les escargots « sortir de
terre » comme disent les paysans ? C'est un intéressant spectacle. Il y a une heure, nul escar-
got ! pas la queue d'un, pas l'ombre d'une co-
quille ou d'une corne. Mais, aussitôt la pluie
tombée, aussitôt qu'un joyeux rayon d'éclaircie
a lui sur les larges feuilles mouillées par l'on-
dée, de tous les trous de vieux murs, de toutes
les cavités de vieux arbres, par milliers, marchant en rangs serrés, les escargots se montrent,
prêts à se rattraper en une après-midi de leur
jeûne de plusieurs mois.

Tels, et pareils aux escargots, et sortant de
terre comme eux, apparaissaient encore l'an
passé, vers les environs du mardi-gras, d'innombrables sonneurs de cor de chasse. Ils ap-

16.

paraissaient pour trois jours, trois jours pendant lesquels la police les tolérait; et trois jours durant, le soleil se mirait dans leurs cuivres : trois jours durant, Paris retentissait de leurs fanfares triomphales... Par exemple, on s'était toujours demandé ce qu'ils faisaient le reste de l'année, pendant les trois cent soixante-deux autres jours.

Ce qu'ils faisaient, le hasard me l'apprit, il y a de cela quelque temps. Nous venions de dîner avec un ami, dessinateur fort distingué, l'honneur de nos illustrés hebdomadaires, bon père, citoyen vertueux, mais nourrissant pour le cor de chasse une passion secrète que je ne lui soupçonnais pas. Des contre-temps divers nous avaient gâté notre soirée. Le café pris, les journaux lus, nous ne savions que devenir. Tout à coup mon dessinateur, subitement illuminé, s'écria :

— « Mais c'est aujourd'hui samedi, viens avec moi, nous passerons deux ou trois heures charmantes...

— Où cela?

— Dans une cave... sois tranquille, je te présenterai.

— Dans une cave!

— Oui, l'on y joue du cor de chasse. »

En effet, nous descendîmes dans une cave (c'était je crois le sous-sol d'un arquebusier), où. sérieux et convaincus comme les premiers chrétiens aux catacombes, une trentaine de forts gaillards. l'embouchure aux lèvres, le poing et l'avant-bras fourrés dans le pavillon, célébraient leurs bruyants mystères. Les braves gens ! Ils jouaient sans boire. Je sortis de là un peu sourd, mais respectueux et attendri.

Quelquefois, aux premiers beaux soleils, les habitués du sous-sol se permettaient une petite débauche. Furtivement, ils s'en allaient jusqu'aux fortifications par bandes de trois ou quatre ; et là, — tandis que les galopins de Malakoff et de Montrouge dévidaient la ficelle de leur cerf-volant, tandis que les fillettes cherchaient des pissenlits dans l'herbe rare et que les soldats du poste-caserne voisin pelaient des badines en rêvant, — eux, ayant trouvé le bon endroit, se livraient, tout le long du jour, avec l'écho d'un lointain bastion, à d'interminables dialogues.

Car c'est surtout à la campagne que se révèle l'âme candide du sonneur de cor parisien. Un matin, couché dans les menthes de la berge, en aval du barrage de Bezons, et dormant au bruit des eaux bouillonnantes, je fus éveillé subitement par des accords âpres et cuivrés qui faisaient plonger les grenouilles et s'envoler les libellules. A quarante pas de moi, dans un bateau amarré à des piquets, au beau milieu de la rivière, deux messieurs avec une dame se livraient à un exercice singulier. La dame pêchait, les deux messieurs avaient chacun leur cor de chasse au poing, et chaque fois que la

dame enlevait un goujon ou ferrait une ablette,
les deux messieurs sonnaient l'hallali.

Ce simple trait me semble peindre mieux que
ne le feraient les plus savantes descriptions
une corporation de mœurs douces quoique
bruyantes, paradoxale mais aimable, qui fut
une des joies de Paris et que le Paris de l'an
prochain ne connaîtra plus.

UNE PROMENADE AU CHAMP DE MARS.

Hier, après déjeuner, quelqu'un m'arrête :

— Viens-tu voir l'exposition de Hambourg?

— C'est un peu loin ! — Mais non, à deux pas, avenue de Labourdonnaye, porte Rapp... on est en train, là-bas, de vendre la ferraille, et les braves Hambourgeois ont acheté un des dômes d'angle, plus quelques cent mètres de galerie. Isolé, avec des arbres autour, des jets d'eau et des statues, cela figurera fort bien... Il n'est encore que deux heures... M. Achille Picart, grand démolisseur devant l'Éternel, et M. Roux, son associé, se feront un plaisir de nous ouvrir leurs chantiers.

Et comme je résistais, prétextant l'impression de tristesse que me cause tout spectacle de destruction :

— Mais, sapristi ! on ne détruit pas : on dé-

monte. Ce n'est plus comme en 1867, où tout
fut vendu au poids du vieux fer et brisé à coups
de merlin par les Auvergnats. En 1867, rien ne
pouvait resservir, le Palais était elliptique; aujourd'hui, nous opérons sur une série de paral-
lélogrammes, et naturellement chaque pièce... »

J'omets la suite de la démonstration, que j'ai
d'ailleurs assez vaguement comprise malgré l'é-
loquence de mon ami, esprit ardent dans le
positif, enthousiaste à l'américaine, fou de
grands travaux, épris d'inventions, et s'enflam-
mant pour un tunnel, un isthme à percer ou une
grue nouveau modèle, comme jadis pour un
tableau de maître, un groupe en marbre ou un
sonnet. Le monde va changeant et se transfor-
mant: qu'on le trouve mauvais ou bon, ce genre
de Français a cessé d'être rare.

L'avenue de Labourdonnaye, si bruyante il y
deux ans, et grouillante, et bariolée, est presque déserte aujourd'hui. Des « tringlots » passent, conduisant un chariot de foin. Les vrilles
desséchées des volubilis s'accrochent au berceau
en treillage d'une guinguette vide.

Nous entrons par la porte Rapp. A gauche,
sous un hangar, sont dressées au ras du mur,
et coude à coude, les statues des Nations qui
décoraient la façade principale. La Perse est
brisée, mais je reconnais à peu près intacte
la Chine de Captier, d'une si belle ampleur dé-
corative. Où tout cela va-t-il aller ? J'apprends
non sans un léger chatouillement de vanité,

qu'un confrère, **M.** Jules Claretie, a retenu pour sa maison deux de ces figures colossales. Les gens de lettres d'aujourd'hui n'en sont plus, comme on voit, à l'étroit logis de Socrate.

Le spectacle n'est pas gai d'ici, malgré ce rayon de soleil clignotant par une éclaircie : une plaine jaune, effondrée, semée de débris ! Il ne reste d'entier que la façade belge et son clocheton d'hôtel de ville, plus grand dans la nudité du paysage. Des dômes sont encore debout, mais réduits au squelette et à l'armature. Les longues galeries, sans tuiles et sans verrières, se découpent sur le ciel gris en fine dentelle de fer, avec leurs écussons en lambeaux, leurs Génies à qui des bras manquent, leurs mâts de pavillon où les couleurs ne flottent plus. On voit au travers : les arbres grelottants du parc, le pont d'Iéna, le Trocadéro et, quand on se retourne, les cheminées d'usines du Gros-Caillou et la pointe d'or des Invalides. Une chose étonne, le silence ! A peine quelque rare coup de marteau, une sourde détonation de dynamite dans les sous-sols. Le palais gigantesque s'en va pièce à pièce, presque sans bruit, et très peu d'hommes y suffisent.

Nous arrivons trop tard pour l'exposition de Hambourg. Dômes et galeries sont démontés déjà. Nous en admirons les membrures éparses, les unes droites, les autres se recourbant comme la carène d'un navire brisé. Tout cela, mis en wagon, va s'embarquer au Havre.

Nous voilà repartis au milieu des débris, dans le fer, le plâtre et la terre glaise, sautant d'une colline de plaques de zinc et d'ardoises sur une montagne de boulons. Dans un coin s'entassent les plaques en faïence de Parvillée qui, intactes après deux hivers, doivent décorer, aux environs de la porte Maillot, un grand restaurant à la mode. A côté, une cuve de tôle et d'acier. C'est l'écrin monstrueux où chaque soir on enfermait les diamants de la couronne. Un maraîcher l'a achetée ; il compte en faire son réservoir d'eau pour l'arrosage des légumes.

O bonheur ! nous arrivons à temps, et nous verrons abattre une *ferme*. Le spectacle est beau, et les moyens d'une admirable simplicité. Pas de vapeur, pas de machine ; quatre cordes, quatre poulies, et une vingtaine d'hommes au plus, vont mettre à terre doucement, comme on poserait un joujou, entière, avec ses deux piliers, cette arche énorme, tout en fer, haute de vingt mètres et large de trente-six. En veston de velours, ceinture rouge aux reins et le pantalon dans les bottes, le contre-maître commande la manœuvre. Un ouvrier posté plus loin répète ses commandements. « Allons-y, les enfants !... A droite !... Halte !... Nous gauchissons !... Encore !... Appuyez sur la droite !.. » Les cordes se tendent et chantent : la ferme penche ; elle descend d'un imperceptible mouvement, entraînée par son propre poids. La voici à bas, effrayante ! Mon enthousiaste ami bondit

snr elle comme un chevalier sur le dos d'un
monstre vaincu, et, montrant les autres fermes,
encore debout mais destinées à tomber bientôt,
qui s'allongent en interminable galerie, il s'é-
crie : « Superbe ! admirable ! Quel travail ! C'est
absolument comme si on débitait Notre-Dame-
de Paris par tranches ! »

C'est fini, les ouvriers partent, la nuit tombe
et le Champ de Mars se fait tout noir. Sur l'autre
rive de la Seine, une double ligne de feu s'allume, dessinant les deux bras du Trocadéro.
Du côté de Paris, commence à briller le phare
électrique d'une usine, étoile d'argent éblouissante et fixe. Il s'agit maintenant de se diriger
sur elle, prudemment, en évitant les trous !

VOYAGE AU PAYS DES JOUJOUX.

I

Ma tête, ma pauvre tête! s'écriait un personnage de drame. J'aurais presque le droit de pousser la même exclamation douloureuse, car, depuis hier, j'ai sous le crâne toutes sortes de visions et de vacarmes : chiens qui aboient, agneaux qui bêlent, ânes qui braient, vaches qui beuglent; sarabandes de polichinelles aux accords d'un orchestre étrange composé de lapins battant la caisse ; des chevaux au galop, des fantassins à l'exercice ; puis un formidable bruit de vaisselle comme si, du haut de quelque escalier de palais, dégringolaient tous les chaudrons et toutes les casseroles de la cuisine de Gargantua ; et quand je crois que c'est fini, des voitures roulent, des canons tressautent sur leur essieu, des bateaux à vapeur font évoluer leur hélice, et derrière une locomotive qui ha-

lète et qui souffle, un train de chemin de fer,
avec mille figures immobiles aux portières,
s'allonge fantastiquement.

Voici ce qui s'est passé :

Un camarade, ancien commissionnaire en
marchandises et fort au courant de ce qui con-
cerne l'article de Paris, me dit l'autre matin :
« Le jour de l'An approche, les fabricants de
jouets sont dans le coup de feu des expéditions ;
le moment serait venu, puisque tu as cette envie
depuis longtemps, d'aller leur faire une visite ».
Je le suivis rue Taille-Pain, je le suivis rue
Pierre-au-Lard, je le suivis rue Brise-Miche
(on aurait pu aussi bien prendre tout droit par
la rue Saint-Martin ou la rue du Temple, mais
mon ami a la coquetterie des chemins de traverse où personne, excepté lui, ne passe plus
guère) ; puis, ayant contourné le chevet gothique
et noir de Saint-Merri, l'intervalle des maisons
s'élargit peu à peu, et nous nous trouvâmes au
milieu d'un carrefour où flottait dans l'air ce parfum spécial, cher à l'enfance, du sapin frais scié
et du ferblanc nouvellement verni. A tous les
étages, sur les enseignes : des trompettes et des
tambours, des sabres de bois, des pistolets de
paille ; des polichinelles gigantesques, une
barre de fer dans le dos, découpaient sur l'azur
du ciel leur profil joyeux et bizarre, et dans la
cour des vieux hôtels jadis habités par les pré-
sidentes, de grands camions attelés et chargés
s'apprêtaient à emporter en province et jus-

qu'au bout du monde leur cargaison d'innocente joie : la poupée d'un sou, rudimentaire et raide, qui paraît si belle aux yeux ouverts tout ronds du petit paysan, et le pantin à grelots d'or, vêtu de satin et de canetille, dont s'amusera un seul jour le caprice des enfants riches.

Nous étions arrivés au pays des joujoux !

Chemin faisant, mon guide m'expliquait, à grand renfort de considérations économiques et de chiffres, les diverses branches de cette industrie, les jouets en fer et en bois, les pièces habillées, les pièces à effet pour étalages, les meubles, les animaux vernis, ceux couverts de laine et de poils, sur soufflets, roulettes et galets, les soldats de plomb, les imitations mécaniques. « C'est tout un monde, il faudrait deux ans pour étudier tout cela. »

Comme nous passions rue Chapon : « Montons ici, je dois connaître le patron. » Il le connaissait, en effet : M. Georges Potier, un homme aimable qui, sur l'assurance que je n'étais pas un concurrent, se mit gracieusement à notre disposition pour nous faire voir en détail les coins et recoins de sa manufacture. M. Potier fabrique de tout avec le ferblanc : des casernes et des cuisines, des écuries et des salons, des tramways, des bateaux, des chemins de fer. Il n'est pas d'objet usuel, il n'est pas de création raffinée, dont on ne retrouve chez lui la représentation exacte et minuscule. Notre civilisation peut périr : rien qu'avec une bou-

tique de marchand de joujoux les savants pour-
ront la reconstituer tout entière ; et si tant
de détails précieux de la vie romaine et grecque
nous échappent, si l'on en est encore à se demander comment les anciens repassaient leurs
mouchoirs, comment les catapultes marchaient,
et de quelle façon se plaçaient les rameurs sur
les galères à trois rangs de rames, c'est que
dans les laves d'Herculanum et sous les cendres
de Pompéi, la fatalité a voulu qu'on n'ait pas
découvert encore la boutique d'un marchand
de joujoux !

Mais que d'efforts humains, quel outillage
il faut pour produire cette chose pourtant si
fragile ! Voici les machines à estamper, les
découpoirs, les ateliers pour la soudure et la
fonte peuplés d'ouvriers noirs comme des cyclopes, tenant à la main des fers à chalumeau acti-
vés par l'air comprimé, et soufflant bruyam-
ment la flamme, ou bien assis autour d'une
chaudière en fusion et faisant ruisseler par
grandes cuillerées l'étain fondu éblouissant et
lourd comme une cascade d'argent vif. Ailleurs,
le métal grince, des roues tournent, une fine
limaille de cuivre, pareille à la poudre d'or
que vendent les nègres en Guinée, couvre de
luisants établis. C'est ici que se fabriquent les
pièces mécaniques. Puis, quand tout est ajusté,
monté, viennent le décor, le vernissage, le
bronzage, le séchage au four ; après quoi il ne
restera plus qu'à mettre le jouet parfait dans sa

boîte, une de ces boîtes en bois blanc et mince
que les enfants connaissent bien et qu'ils ouvrent avec tant d'émotion, sûrs qu'ils sont de
les trouver pleines de merveilles.

Ce travail occupe près de deux cents ouvrières et ouvriers. Avant de nous quitter,
M. Potier nous dit : « Vous savez, tout ce que
j'emploie ici est d'origine française, et je vais
vous montrer ce que je considère comme mon
triomphe. » C'étaient de petits soldats de plomb
qu'une vieille femme rangeait par douzaines.
Ils avaient le casque pointu, le costume prus-
sien. « Vous ne comprenez pas ? C'est pourtant
bien simple : Avant la guerre, les soldats de
plomb nous venaient d'Allemagne ; maintenant, c'est moi qui leur en expédie à Berlin. »
Et nous nous serrâmes la main, patriotique-
ment, réjouis à l'idée de cette pacifique revan-
che.

« Qui diable invente toutes ces choses ? — Un
peu tout le monde, les patrons, les ouvriers ;
chacun, au courant de l'année a sa trouvaille,
son idée. Et puis, il y a les petits fabricants
qui travaillent en chambre et qui cèdent leurs
brevets aux gros bonnets. Ce sont les plus inté-
ressants ; mais ils habitent surtout Ménilmon-
tant et le haut Belleville, et nous n'aurions pas
le temps de les voir aujourd'hui. »

Cependant ce petit monde d'étain et de fer
m'avait un peu fatigué. J'éprouvais le besoin de
me reposer à des spectacles plus rustiques. Tout

à coup, rue des Archives, une enseigne m'arrêta : *Maison Schanne, fondée en 1817, animaux, laines et poils, bergeries et écuries fines.* — « Mais c'est mon vieux Schanne, cela ! Schanne le musicien, compagnon d'aventures de Mürger et de Champfleury, pour tout dire en un mot le Schaunard de la *Vie de Bohême*, aujourd'hui bourgeois de Paris et commerçant notable.» L'atelier de Schanne est une idylle, et Théocrite s'y plairait : des chiens, des moutons, des ânes, des vaches, des chèvres ! Les murs résonnent d'échos bucoliques ; dès la porte on se sent devenir berger. M. Schanne modèle luimême ses sujets en cire, ce qui exige un art tout particulier. Il faut traiter l'animal en écorché, pour qu'une fois la toison si c'est un mouton, le veau mort-né si c'est un cheval ou une vache, ajustés et collés sur le moulage en carton, on sente par-dessous la saillie des os et le jeu des muscles.

M. Schanne conserve pour son musée des pièces d'une vérité parfaite, d'une spirituelle observation, qui eussent fait plaisir à Barye. C'est qu'en se faisant industriel, M. Schanne a su demeurer artiste. Dans un petit salon où s'escrime contre les barreaux de sa cage en osier une magnifique alouette huppée, — l'oiseau gaulois ! — sont les souvenirs de la verte jeunesse : des croquis au mur, des portraits d'amis, le piano sur lequel, aux heures de loisir, on compose encore. Mais dans l'âme de

Schanne, c'est le jouet qui, décidément, tient la plus grande place. Schanne a sur le jouet toute une esthétique et toute une philosophie que Schaunard ne renierait point. Il nous disait : « L'enfant naît bon et doux ; qu'aime-t-il ? que demande-t-il ? Des chiens, des moutons qui sont bons et doux comme lui. Il ne veut pas d'animaux féroces. J'ai essayé un jour de fabriquer des lions et des tigres, mais je n'en ai pas vendu un seul. L'humanité vaut mieux qu'on ne croit ; le jouet m'a réconcilié avec elle ! »

Et sur cette pensée consolante, nous quittâmes le royaume des joujoux.

II

Un poète s'est demandé ce que devenaient les vieilles lunes ; on peut, par une curiosité aussi juste, se demander ce que deviennent les vieux joujoux.

« — Mais quoi ! les joujoux ne vieillissent point. Aimés des enfants, ils meurent jeunes comme les héros aimés des dieux. Offert ce soir tout flambant neuf, le bébé mécanique frisé d'or aura demain pour tête une boule informe décolorée sous les baisers ; la poupée parlante, ni plus ni moins qu'un martyr chrétien ses entrailles, laissera le son et la sciure couler de

son ventre fait de fine peau de gant ; et le cheval
de carton qu'un imprudent palefrenier aura
trop souvent mené boire se trouvera fondu
jusqu'au cou. Les joujoux sont d'essence éphé-
mère, et, dès la semaine après le jour de l'an,
on peut chercher ce qui survit d'eux dans les
étranges Champs-Elysées où vont, paraît-il, les
âmes des choses cassées, en compagnie des
mânes du vase en cristal à qui l'empereur Hé-
liogabale, spiritualiste raffiné, fit élever un
grand tombeau. »

Aussi n'est-ce pas le joujou acheté, donné,
mis en morceaux, dont le sort nous inquiète,
celui-là suit sa destinée ! mais bien le joujou
invendu.

Car tous les joujoux ne se vendent pas dans
ces baraques improvisées qui, huit ou quinze
jours durant, donnent un air de rue chinoise
aux trottoirs de nos boulevards. Où vont les
pantins démodés, les articles-Paris vieillis, les
« succès de l'année » dont l'impertinente brume
d'hiver a flétri le clinquant et ramolli la canetille ? Peut-être, expédiés aux Grandes-Indes et
vers de lointaines Polynésies, charmeront-ils
quelque jeune dauphin négrillon dont le père
se pare, en guise d'ornement guerrier, d'une
éblouissante boîte à sardines ! Peut-être aussi,
fourrés dans des coins, pilés dans des caisses,
relégués dans la chambre aux soldes au fond
d'entrepôts ténébreux, connaîtront-ils, jusqu'à
ce que les mites en aient raison, l'existence

mélancolique des marchandises passées à l'état
de rossignol !

Eh bien ! non : toute gloire a son regain
comme la bonne herbe, et j'ai découvert hier,
en me promenant, que ces riens charmants
qu'une fois défraîchis le Paris riche et boule-
vardier méprise, ne sont pas perdus pour cela.

Loin des quartiers riches, tout près des fortifications, au delà des anciennes barrières, le
long des larges avenues aux maisons rares traversant le Paris suburbain, il y a aussi des baraques à joujoux ; moins somptueuses, moins
illuminées, mais non moins achalandées, certes !
et perpétuellement entourées, tant que le jour
dure ou que le gaz n'est pas éteint, d'un cercle
de gamins peu vêtus dont les yeux s'allument
de convoitise.

C'est là que les joujoux de l'an passé rede-
viennent joujoux à la mode. Que dis-je, les
joujoux de l'an passé ? Les joujoux d'il y a dix
ans, d'il y a vingt ans ! Promenade à faire pour
ceux que tente l'amère douceur des mélancolies
rétrospectives.

Essayez-en ! et, tout émus, vous retrouverez
votre enfance en retrouvant les joujoux pri-
mitifs comme en donnaient jadis les grands-
pères : joujoux barbares, violents, crevant les
yeux, poissant aux doigts et sentant bon la
térébenthine. Longues trompettes en fer blanc
qu'emplâtrait un doigt de soudure ; tambours
cerclés de cuivre luisant ; petits violons rouges

dont même l'art infernal d'un Paganini n'aurait
pas su tirer une note ; poupées en bois, les bras
tombant, les jambes jointes, roides comme des
statues Eginétiques ; petits soldats, fabriqués
au tour et portant encore le grand shako des
premières guerres d'Afrique ; vaillants forge-
rons battant l'enclume et faits d'un rondin surmonté d'une boule, à qui un morceau de bois
incisé donne l'apparence du profil humain ; et
ces étonnants animaux dus à la collaboration
de sculpteurs sans raison et de coloristes en dé-
lire : chevaux indigo, taureaux écarlates, lions
faits en peaux de lapin, lapins ornés d'une cri-
nière à qui les oreilles redressées et deux clous
d'or en guise d'yeux donnent un aspect diabolique !

Et qu'on ne s'y trompe pas ! nos grands-pères
avaient raison : ce sont bien là les vrais joujoux. Ces joujoux, les enfants les aiment, et non
vos joujoux plus nature que la nature et faux à
force de réalité qu'on met à la mode aujour-
d'hui. J'en avais acheté un hier, à très bon marché ! pour ne pas revenir sans rien. Qu'était-
ce ? Je l'ignore. Un monstre ! Quelque chose qui
prétendait être un cheval et qui aurait pu tout
aussi bien se réclamer de la parenté de l'hippo-
potame. Un être effrayant, ou plutôt une ébauche
d'être, taillé à la hache, sauvagement colorié,
ambigu, bizarre, né du chaos, tel qu'en ont
déterré les paléontologistes et tel que Milton
en a rêvé. Comme je le portais sous le bras, les

passants se retournaient pour en rire. Eh bien !
mon petit ami Toto, qui n'a pas ses quatre ans,
l'a tout de suite reconnu. Toto en le voyant
s'est écrié : — « C'est un âne ! » Et il a dédai-
gneusement jeté par terre un autre âne qu'il
avait déjà, âne en carton-pâte, exact comme
un croquis de Victor Adam, avec le poil curieusement imité par un semis de laine hachée,
et les tendons saillants sous la peau.

Évidemment, Toto avait raison : mon âne,
l'âne idéal, était le vrai âne. Mais, que voulez-
vous ? partageant le sort de tous mes contem-
porains, l'œil perverti, le sens esthétique
dépravé par un précoce abus d'habitudes natu-
ralistes, je ne m'en étais pas aperçu.

LA FÊTE DES FLEURS.

Qui donc nous parlait de Florence ? La Seine
voit se mirer plus de riants jardins que l'Arno,
et, malgré le grand lys rouge orgueilleusement
ornementé que porte dans ses armes la vieille
capitale toscane, c'est encore Paris qui mérite
le mieux d'être appelé la ville des fleurs. Un tas
de villages aux noms frais comme des bouquets
lui font une enceinte fleurie. Chaque matin, au
premier soleil, des montagnes de fleurs coupées
peignent des reflets de leurs couleurs les gigantesques vitraux des Halles. Amenées on ne
sait d'où et promenées par charretées, des fleurs
vivantes frissonnent ailleurs au vent des quais:
Et tout cela s'en va réjouir le pauvre et le riche,
à l'angle du toit près des mansardes, ou bien au
milieu d'un salon, dans le treillis d'or d'une
jardinière.

18

A Paris, positivement, l'amour des fleurs tourne à la folie. Ce n'est partout, quand vient la saison, que jardins suspendus en miniature. Saviez-vous, je l'appris hier, qu'une société de braves gens s'est fondée, dont les membres vont par les rues, le nez en l'air, étudiant les façades et distribuant des médailles aux balcons les mieux ornés et les plus verts ? Mission troublante, expertise délicate ! car ici naturellement les balcons fleurissent, tant plantes et fleurs se trouvent chez elles dans le courant de bon air campagnard, qu'apporte jusqu'aux quartiers les plus cachés la large trouée de la rivière.

Aussi l'exposition d'horticulture, arrivant ainsi chaque année égayer sa sœur des beaux-arts avec sa bonne odeur de terre remuée, qui ne fait pas regretter celle de la térébenthine, et ses masses d'arbustes verts sur lesquels brille mieux la blancheur des marbres, prend-elle de plus en plus l'importance d'une vraie fête populaire. Tout le monde y vient sous prétexte de s'intéresser à la peinture des peintres, et de voir comment les récompenses ont été distribuées, mais en réalité pour se régaler de l'aimable peinture que Dieu, selon Racine, donne aux fleurs.

Pour la variété des formes, la richesse des colorations, ce Salon, qui ne dure que trois jours, vaut bien l'autre. Il est dommage seulement que tant de merveilles ingénues, vivants bijoux et frémissantes pierreries, soient si étrangement baptisées par le pédantisme et la vanité. J'ai vu une petite fleur qui s'appelait « monsieur Thomas » gros comme le bras, sans doute pour faire honneur à son propriétaire, et une autre, plus petite encore, mise en vente comme une esclave sous un nom en latin barbare qu'agrémentait, par-dessus le marché, le beau surnom de *Pachiphytioïdès !* Les deux petites fleurs, à vrai dire, n'en avaient pas l'air malheureux.

Le plus sage est donc d'admirer sans regarder aux étiquettes. Qu'importent les sobriquets donnés à ces roses ? Elles resplendissent, elles embaument, et Vénus n'en voudrait pas d'autres pour reboiser Chypre et Cythère. La rose est divine, parfaite dès le premier jour comme les chefs-d'œuvre de l'art grec, et persiste depuis l'antiquité, immuable dans sa beauté première. Il est d'autres fleurs belles également, mais d'une beauté moins absolue. Ici la nature obéit aux rêves capricieux de l'homme. Les variétés se multiplient et la fleur revêt mille formes : sa chair est tantôt un velours superbe frappé de dessins somptueux, tantôt un satin léger aux nuances à la mode, éteintes, harmonieusement vieillies. La fleur se dore, bien portante, comme un gras et riche financier, ou s'affine et pâlit comme une courtisane. Il faut un grand effort d'attention, une certaine subtilité d'analyse, pour entrevoir çà et là le type, et reconnaître dans telle corolle orgueilleuse une proche parente des fleurettes mi-villageoises qui sont l'ordinaire ornement des jardins de notaire et de curé.

Surprenants effets de la sélection et de la culture ! Dans certaines plantes aux larges feuilles le tissu primitivement d'un beau vert se fait transparent, se décolore, devient une mousseline argentée sur laquelle ressort en éclatante broderie le réseau des fines nervures. A côté, des arbustes dressent vers le ciel étonné des rameaux désormais couleur de flamme, donnant ainsi aux pauvres terriens une vision paradoxale de ce que doivent être à des milliards de lieues les rouges paysages de la planète Mars.

Passons vite devant les plantes grasses, joie des amateurs maniaques, étrangement tordues et velues, s'épanouissant malgré cela et pareilles à des hérissons ou des chenilles qui auraient des fleurs sur le dos.

Une singulière application de l'art horticole nous arrête, appelée d'un nom singulier, la *mosaïculture*. Imaginez de modestes végétaux, cousins des pourpiers et des joubarbes, qui, rapprochés et combinés par une main industrieuse, dessinent sur un fond de gazon ou de sable des écussons, des lettres ornées, parfois même de grands perroquets. Œuvre de mauvais goût ! va-t-on dire. Pardon ! je condamne le mauvais goût de Louis XIV taillant ses ifs en éteignoir ; je condamne les Hollandais torturant un infortuné pied de buis jusqu'à ce que, de ses rameaux tordus et meurtris, il consente à représenter un vaisseau à trois ponts ou une cathédrale. Mais ici les plantes sont respectées, on ne les taille ni ne les torture, on les juxtapose simplement. C'est d'ailleurs un art bien français, comme un souvenir de ces *jardins brodés* du temps des Valois qui, par transitions artistement ménagées, reliaient sans heurt ni secousse les lignes agrestes d'un parc aux légères sculptures de la façade d'un château Renaissance.

Mais voici plus intéressant encore pour quiconque, et nous en sommes presque tous là, garde dans ses veines un peu de sève paysanne: les fleurs des champs et des montagnes, jadis dédaignées, mais qu'un nouveau sentiment de la nature intelligemment démocratique vient d'élever au rang de plantes d'ornement. Voici les mousses et les bruyères, les innombrables graminées faisant sonner épis et grelots, et puis des fleurettes plus humbles: le seneçon, régal des lapins et des chardonnerets en cage, et les bouillons blancs d'aspect effrayant, mais remplis de miel comme la gueule du lion biblique.

Que de surprises! et pourtant on ne peut s'empêcher de regretter une lacune. A côté de leurs jeux du cirque, les Romains avaient des naumachies; un aquarium est aujourd'hui le complément indispensable de tout établisse-

ment zoologique. C'est pourquoi, au milieu
de ces admirables plates-bandes nous voudrions
'un bassin, rien qu'un petit bassin, égayé du
chant des grenouilles, strié par la ronde éperdue des gyrins et le plongeon furtif de l'hydro-
phile, où fleuriraient, glaïeuls, lotus et nénuphars, quelques représentants du grand peuple
des plantes d'eau.

Ce sera pour l'année prochaine.

En attendant, enviez les ignorants de
bonne volonté qui, comme nous, dimanche dernier, sont allés visiter l'exposition horticole.
L'aimable public, bien parisien ! Toutes les
fleuristes du quartier du Caire, toutes celles
qui, d'un bout d'étoffe frippé et d'un brin de
fil de fer tortillé savent improviser des fleurs
artificielles aussi fraîches que les vraies fleurs,
s'étaient donné rendez-vous là. Il fallait les
voir, les yeux réjouis, les doigts frémissants,
étudiant d'après nature et rêvant pour les bals
de l'hiver prochain chacune son nouveau chef-
d'œuvre ! Cependant les moineaux — des Parisiens aussi ! — chassés du dehors par la pluie,
s'ébattaient sous la nef vitrée, piaillant et four-
rageant au milieu des verdures qu'ils croyaient
sans doute apportées pour eux.

A L'EXPOSITION DES INSECTES.

« Heureux les écoliers d'à présent s'ils connaissaient leur bonheur ! » Ainsi s'écriait, enveloppant son cri du cœur d'une réminiscence virgilienne, un vieux monsieur, hier, au sortir de l'exposition des insectes.

Ce vieux monsieur-là parlait d'or.

Il faudrait n'avoir jamais usé aucune culotte sur aucun banc et n'avoir jamais troqué un gribouri contre un cent de plumes, pour ignorer quelle place tient l'insecte, et le coléoptère en particulier, dans les préoccupations enfantines. C'est par l'insecte, sphinx silencieux et plus ou moins bizarrement cornu, que la nature nous pose d'abord son énigme. L'âne qui brait dans l'écurie, le chien qui rôde dans la cour, le chat gardien du feu, songeur et lissant sa fourrure, sont trop près de nous, trop de nos

amis, pour nous étonner ou nous inquiéter.
Nos yeux en s'ouvrant les ont vus, et les côtés
mystérieux de leur être disparaissent dans l'ac-
coutumance. Mais l'insecte, sylphe ou monstre,
vêtu de soie et d'or comme un prince, ou couvert d'une armure noire, hérissée de pointes,
formidablement ciselée et damasquinée, comme
le reître à cheval du Musée d'artillerie, l'insecte, ma trouvaille et ma propriété, découvert en fouillant l'amadou d'un tronc d'arbre
mort, conquis au péril de mes jours sur la haute
branche où est venu s'abattre son vol frémissant, qui est-il, lui? que nous veut-il, si peu
semblable à nous et vivant néanmoins? De quel
soin on l'apporte! avec quelle jalouse prudence on le cache! quelle ingéniosité on dé-
ploie à lui procurer, problème rarement et dif-
ficilement résolu, une nourriture appropriée!
Que d'observations, que de réflexions dans cette
jeune tête qui ne sait pas bien encore ce qu'est
observer ou réfléchir, et, sous couleur d'amuse-
ment, que de vérités entrevues!

Cet amour du coléoptère, qui vaut au collé-
gien persécuté tant de pensums et de retenues,
n'est au fond qu'une instinctive façon de protester contre l'aridité, la tristesse et l'artifi-
ciel de l'éducation qu'on lui donne. Ah! rien
n'existe que les idées? Le monde entier, à vous
en croire, tiendrait dans ces livres jaunis qui
se froissent sous les doigts ennuyés avec un
bruit de feuilles mortes? Mais chut! qu'est

cela ? Un hanneton s'introduit par la fenêtre ouverte ; il va, revient, vole et bourdonne ; enfin il se cogne, on le tient ! Et maintenant le professeur peut parler des Romains et des Grecs : personne ne l'écoute plus. La classe est joyeuse, la classe rit. Dans l'étroite salle froide et blanche où, loin des champs et loin des arbres, baille l'enfant prisonnier, sur les ailes du hanneton un peu de nature est entré.

Vous croyez l'enfant cruel, il n'est que curieux. Et, de même qu'un pâtre inscrivant au trait sur un mur le profil en ombre portée de sa belle, symbolise l'invention de la peinture, de même je voudrais qu'on figurât la philosophie, la bonne et la vraie, par un gamin en tenue d'école qui, froissant du coude ses livres, contemplerait un hanneton.

Plus tard,.je le sais, l'abus s'en mêle ! Le caprice et l'ennui imposent au hanneton des métiers étranges. Emmailloté dans un dé de carton, le bonnet carré sur la tête, il imitera, du mouvement désespéré de ses deux seules pattes demeurées libres, les gestes des prédicateurs ; ou bien. duelliste malgré lui, il s'escrimera contre le ciel, d'un sabre en papier découpé que fixe à sa droite un peu de cire molle. Mais malgré ces inventions condamnables qu'inspirent à la longue la claustration et l'oisiveté, la première entrevue d'un coléoptère et d'un jeune garçon est toujours, surtout de la part de ce dernier, empreinte de vive sympathie.

Aussi est-ce avec une émotion assaisonnée d'un grain d'envie rétrospective que je contemple ces musées entomologiques à l'usage de nos écoliers (celui de Châteaudun entre autres) avec leurs bataillons d'insectes soigneusement rangés, logiquement étiquetés et classés en insectes utiles ou nuisibles. Toute notre enfance tient sous ces vitrines. Voici les papillons : ceux de jour, légers comme des fleurs, délicatement coloriés comme elles ; ceux de nuit, plus sombres, énormes et volant sans bruit sur des ailes faites d'un somptueux velours. Voici la cétoine, le hanneton azuré du saule, qui ont l'éclat des pierreries. Voici les taupins. Oh ! les taupins ! Posé sur le dos, le taupin se détend comme un ressort et saute en l'air à un et deux pieds avec un bruit d'horlogerie. Voici les gyrins, les dytiques, les hydrophiles, toute la tribu des insectes nageurs, pour qui, dans l'ombre de nos pupitres, nous inventâmes l'aquarium. Puis le lucane à grandes pinces que nous appelions cerf-volant : l'orysse qui ressemble au rhinocéros ; le cérambyx baptisé « diable » et qui véritablement avait un air diabolique, noir sur l'or du couchant, avec ses ailes et ses cornes, volant debout comme Belzébuth volerait. Voici la cigale, la vraie cigale que l'on s'obstine encore, sur la foi d'un bois naïf des premières éditions de Lafontaine, à confondre avec la sauterelle. D'antiques légendes, venues peut-être de la Grèce, couraient sur la cigale au collège. Elle n'avait ni chair, ni sang, et se nourrissait de rosée. Aussi ne comprenions-nous guère qu'elle eût besoin pour subsister de demander à la fourmi l'aumône de quelques grains. On l'a classée ici parmi les insectes nuisibles, à côté du phylloxera ! « Sa larve, dit une étiquette, est accusée de vivre aux dépends des racines dans les vignes. » Accusée seulement ; allons, tant mieux !

Un carabe que je connais bien, tout de noir vêtu, d'un noir mat de soutane, nous l'appelions : *Capelan fournigou*, c'est-à-dire curé des fourmis. — « Capelan fournigou, quelle heure est-il ! » Un, deux, trois, quatre, cinq... et, du mouvement de son abdomen, le curé des fourmis nous indiquait l'heure. Plus loin, la mante religieuse, maigre et pâle comme une nonne. Elle, c'était *la dame blanche !* Parfois, ayant manqué la classe, égarés, perdus, nous nous sentions pris, sur le soir, de cette mélancolie faite de remords, de craintes vagues et d'appétit qui est particulière aux écoliers en maraude. Il faudrait rentrer... mais quel chemin suivre ?... Alors, si par hasard on trouvait quelque dame blanche se hâtant dans l'herbe ou grimpant le long d'un mur, aux derniers rayons du soleil : — « Dame blanche, dame blanche, où est passé le loup ? » La dame blanche s'arrêtait, tendant vers un point de l'horizon, avec le geste étrange, presque humain, qui lui est familier, sa patte griffue, et nous repartions

pleins de confiance ; le chemin du loup, indiqué
par elle, était toujours le bon chemin.

Quelle joie, si, au lieu de ces heures buisson-
nières volées, le maître, de loin en loin, une
fois par mois, avait mené sa classe aux champs,
expliquant le pourquoi des choses, enseignant
les noms et les mœurs de cet étrange petit
monde devant lequel, livrés ·à nous-mêmes,
nous restions ignorants, les yeux ouverts tout
ronds, avec la curiosité jamais satisfaite de
jeunes sauvages !

Mais les temps sont changés, ainsi que les
méthodes. Dans les hameaux, dans les villages,
l'instituteur, aidé de ses élèves, organise d'admirables petits musées. L'éducation et l'instruc-
tion commencent à s'appuyer sur la nature ; et
le vieux monsieur avait raison de dire : « Heureux les écoliers d'à présent s'ils connaissaient
leur bonheur ! »

DANS LA PETITE BANLIEUE.

— Quatre heures ! Le temps de prendre un verre au jardin tandis qu'on attèle, et nous allons...

— Plaine-des-Vertus ?...

— Dîner chez « Mon Oncle » !

J'avais déjà dîné au cabaret de « Mon Oncle », précisément avec l'ami Crozier, mon interlocuteur, qui possède là-bas dans cette Plaine-des-Vertus fertile en hautes cheminées, une importante fabrique de vernis. Repas exquis, arrosé de bon vin, relevé d'une craquante friture, sous des acacias en fleurs, au bord du canal Saint-Denis très clair en cet endroit et pittoresquement peuplé de gros bateaux pansus comme des bourgmestres Flamands, mirant dans l'eau leurs mâts effilés à pointe blanche. Seulement, car il y a un seulement ! d'intervalle à intervalle

nous arrivaient des bouffées d'odeurs étranges,
d'odeurs de toutes les couleurs, si j'ose m'exprimer ainsi, tantôt écœurantes et douceâtres, tantôt âpres et vitriolées, qui me laissaient la
fourchette en l'air à mi-chemin des lèvres et
de l'assiette. Mon hôte, lui, ne perdait pas un
coup de dent, m'observant de son œil narquois
et se contentant de dire entre deux bouchées :
— Attention ! le vent tourne, l'odeur va chan-
ger. C'était le noir animal ; voici maintenant la
stéarine ; nous aurons tout à l'heure la corde à
boyaux, la colle et le reste.

Crozier raillait évidemment en me propo-
sant de renouveler ce dîner qui m'avait laissé
un souvenir à la fois charmant et atroce. Mais
je ne voulus pas en avoir le démenti et, quelques minutes après, par la chaussée Clignan-
court et puis par le boulevard Ney, nous re-
commencions ce voyage aux pays mystérieux
d'où j'étais revenu une première fois, pâle
comme le Dante, mais pour des motifs diffé-
rents.

Le voyage n'est pas précisément gai ! Nous
filons, un quart d'heure durant entre la tran-
chée, profonde comme un fossé, du chemin de
fer de ceinture, et le talus pelé des fortifications
qu'égayent seulement de loin en loin, près de
la grille d'une porte, le jardinet classique des
douaniers, ou bien quelques grands tournesols
montant la garde mélancoliquement à côté d'un
poste-caserne. Nous passons sous des ponts de

fonte qu'ébranle le passage des trains. La poussière du chemin est jaune ; elle sent le soufre, le charbon, autre chose encore, et n'a pas cette blancheur de farine, cette bonne odeur vanillée des grandes routes provinciales.

Bientôt les parfums s'accentuent : — Nous y sommes ! dit Crozier en souriant. Des cheminées, encore des cheminées ! Un pays tout noir et tout plat ; des maisons basses à toits de bitume ; de longs sentiers bordés d'interminables murs faits d'un pisé de machefer, derrière lesquels, silencieusement, fument des usines. Et quelles usines ! C'est ici, dans ces limbes vagues, lieu sans nom qui n'est plus Paris et qui est moins encore la campagne, c'est ici que vient bouillir et reprendre vie, comme dans la chaudière de Médée, tout ce que Paris rejette de choses mortes. Rien n'est perdu, tout se transforme et s'utilise : déchets mystérieux, rognures innommées, tout, même la marée gâtée, le rebut putréfié des halles dont on fait de l'engrais après en avoir extrait l'huile. Détail charmant et qui réjouira les gastronomes : voyez-vous, là, au beau milieu, cette maisonnette proprette, cette manière de ferme blanche ? On y prépare en grand, pour les distribuer chaque matin aux restaurateurs parisiens, ces tripes à la mode de Caen dont les amateurs se régalent.

Des fumées jaunes, vertes, blanches, flottent dans le ciel et voilent parfois le soleil. Usé,

battu, piétiné, brûlé, le sol a des aridités de
solfatare. Pourtant, çà et là, la nature reprend
ses droits. Le long d'un fossé, derrière un mur,
pousse cette flore d'aventure, cette végétation
vivace et drue qui affectionne les cimetières et
les terrains abandonnés. Puis, voici des champs
de choux et d'artichauts, des carrés de salades,
de salsifis, la vraie culture maraîchère. Tout
cela vient admirablement, pêle-mêle entre les
usines qui, tranquilles, fument toujours, quitte
à payer des indemnités si les émanations trop
fortes brûlent les plantes. Un papillon passe,
des moineaux piaillent. Là-bas, d'une forêt de
gros chardons un vol d'alouettes s'élève. Désormais le soleil nous semble plus clair et le paysage moins désolé : où l'oiseau vit, l'homme
peut vivre

Il paraît d'ailleurs qu'on se porte très bien
ici ; le choléra, quand il sévit, épargne toujours
ce coin, qui semblerait maudit, et la société de
secours mutuels, — on nous garantit le renseignement, — a rarement des malades à secourir
dans la population ouvrière de tant d'étranges
et effrayantes usines. En effet, témoignage vivant, sur toutes les portes, des nichées de mar-
mots pullulent, les joues fermes et l'air joyeux,
l'œil brillant sous des cheveux en broussailles ;
saupoudrés de sombres poussières, ils ressemblent à des nègres blonds.

Nous arrivons à Aubervilliers et nous traversons le village. La rue du Moûtier, très vi-

vante malgré son vieux nom et peuplée de
coquets magasins, conduit à une église originale où se marient bizarrement le gothique, la
renaissance et les consoles à enroulement de
l'odieux mauvais goût jésuite. Le clocher en
biseau, plus ou moins copié d'après la flèche de
Saint-Denis, porte à son sommet trois petites
cloches qui font songer à trois pigeons perchés
sur la crête d'un toit.

Il s'agit de ne pas oublier « Mon Oncle »
en contemplant ces fantaisies architecturales.
Le soleil tombe, la nuit vient, et « Mon Oncle »,
dont la clientèle est surtout la clientèle du dimanche, aime assez qu'en semaine on lui commande le dîner une demi-heure à l'avance.

Il faudrait traverser le canal ; mais le pont
mobile est levé pour laisser passer un bateau
qu'on écluse. Une femme lit devant sa cabine
ornée de pots de fleurs, comme un balcon. Elle
lit, pendant que le bateau se meut lentement,
sans prêter attention aux cris des mariniers ni
au grondement de l'eau qui bouillonne. Le spectacle nous intéresse ; mais craignant qu'il ne se
prolonge trop, nous décidons de remonter à
pied le long du canal. « Mon Oncle » a un canot
il nous passera. Il fait déjà noir sous les arbres.
Trois fillettes suivent le même chemin que nous,
proprement mises, presque distinguées. Elles
viennent d'une filature de laine qui les emploie
et rentrent dans leur quartier, au *Chemin-Vert*.
Elles nous racontent non sans fierté qu'elles.

19.

gagnent trois francs par jour « l'un dans l'autre ». Et puis : « Bonsoir, messieurs ! » et les voilà qui reprennent leur pas pressé.

A part cette rencontre, la rive est déserte.

Enfin, nous apercevons le cabaret, de l'autre côté de l'eau luisante : « Ohé ! du bateau ! — Voilà ! voilà ! »... Les Prussiens ont dansé ici, du temps de la guerre. Ces souvenirs sont oubliés maintenant ; et les braves gens du quartier viennent au même endroit se distraire avec leurs familles.

Il y a foule les jours de fête ; aujourd'hui nous sommes seuls et l'on se croirait à mille lieues si, par delà la forêt de cheminées, sur le ciel où flottent encore quelques clartés, ne se détachait la silhouette de Montmartre.

D'ailleurs, pas d'odeurs ! sinon celle du feuillage et des berges mouillées. Le vent ne porte pas sur nous ; les odeurs, s'il y en a, s'en vont vers quelques banlieues plus lointaines.

BOUTS DE CROQUIS.

J'étais à la gare de Lyon, dans la salle aux bagages, en train de dégager la valise d'un cousin arrivé du Midi par le train de plaisir, quand je surpris ce dialogue entre un gros Marseillais coiffé de l'insolent manille et un douanier à mine triste sous le modeste képi bleu. *Le douanier :* La malle est à vous... qu'y a-t-il dans la malle ? *Le Marseillais :* Il y a rien du tout. *Le douanier :* Vous dites ? *Le Marseillais :* Rien du tout ! je dis. Ici le douanier souleva la malle et la fit pivoter sur l'angle. *Le douanier :* En effet, ça ne pèse pas lourd. *Le Marseillais :* Dix kilos, poids réglementaire, on ne tolère que dix kilos en train de plaisir. Je voulais remplir la malle de saucissons d'Arles, mais elle pesait déjà les dix kilos à elle toute seule : il aurait fallu payer un supplément. Alors

nous avons mangé les saucissons en gare, avant de partir, avec la femme ; et comme un homme qui se respecte ne voyage pas sans sa malle, j'ai amené la mienne vide. Le douanier sondait son Marseillais d'un œil scrutateur ; cette malle vide ne lui disait rien de bon, il soupçonnait quelque manigance. Le Marseillais avait l'air tranquille. — Donnez-moi la clef ! fit le douanier. La clef grinça, le cadenas tomba, mais le douanier n'eut pas besoin de grand effort pour soulever le couvercle. Le couvercle, fait d'un cuir de porc hérissé que bombaient deux minces planchettes, se redressa violemment ; un vent subit remplit la salle, mugissant et se cognant aux angles ainsi qu'un taureau évadé, puis se précipita avec fracas par la grande porte vitrée, emportant fraternellement, à de vertigineuses hauteurs, le képi bleu et le manille. — Mon képi ! criait le douanier. Et, debout sur le perron, calme et digne, tout en suivant du regard, par-dessus les toits de Mazas, les battements d'aile de son couvre-chef, le bon Marseillais soupirait :
— Capucin de sort, la belle sòze que la science ! depuis les semins de fer, il y a de tout à Paris, même du mistral.

C'était le mistral, en effet, qui faisait son entrée dans la capitale. Et voilà pourquoi l'autre jour souffla dans les rues, cinq heures durant, un vent inconnu qui n'était ni vent d'autan, ni vent de bise, un petit vent brun, taquin et sec qui glaçait les Parisiens sous leurs minces paletots d'été, et tendait comme les cordes d'un piano les nerfs agacés des Parisiennes.

Il s'en est fourré, pendant ces cinq heures, le mistral !

D'abord, comme un provincial qu'il est, amateur de beaux points de vue, il a, sans rien payer à nul concierge, et sans empêtrer ses belles ailes dans de noirs escaliers en colimaçon, visité le sommet de nos principaux monuments.

Avec un ronflement de tonnerre, volant sur Paris du nord au sud, on l'a entendu au même moment souffler à pleins poumons sur la flamme d'or que brandit le génie de la Bastille, et secouer, place Vendôme, les plis de bronze de la toge du faux César. A notre-Dame, sur la tour Saint-Jacques, parmi les saints de pierre et les monstres griffus, il soulevait haut dans le ciel, haut comme une fumée d'incendie, des poussières de six cents ans.

Il courait autour du Panthéon, menant grand tapage sous la colonnade aérienne ; jouait comme un écolier, tournait et se retournait dans les ornements découpés à jour de ce bijou en or fin qu'on nomme la Sainte-Chapelle ; s'accrochait à la pointe des Invalides ; secouait, colossale batterie de cuisine ! les trois marmites renversées qui servent d'ornement à l'Observatoire ; enrhumait du cerveau un bach-aga kabyle en contemplation sur l'Arc de Triomphe, et faisait flotter, tel un drapeau bleu et vert !

les voiles en gaze d'une famille londonnienne, oubliée dans un des minarets bizarres qui flanquent le Trocadéro. Sous ce souffle puissant, chose étrange! l'Apollon de l'Opéra sentit pour la première fois vibrer et résonner les cordes de sa lyre ; et le moulin de la Galette, depuis si longtemps endormi, fit craquer ses grands bras comme s'il se réveillait.

Ayant ainsi vu Paris d'en haut, le mistral voulait maintenant se promener à travers les rues. Sans crier gare, par les ruines à jour des Tuileries, vivement le mistral fila.

Ce fut dans les Champs-Elysées une envolée subite de feuilles jaunes, une grêle de marrons luisants et mûrs sous leur cosse épineuse qui défonçaient les chapeaux, crevaient la soie des ombrelles, et rebondissaient sur le bitume à la grande joie des gamins. Puis, s'éleva de tous côtés un bruit de volets claquant, de tuiles emportées et brisées... le mistral, l'aimable mistral faisait son petit tour dans Paris. — Insolent! disaient les parisiennes en se retournant, tandis que, malgré agrafes et pages, le malin Provençal montrait de leurs jambes plus haut que le fin mollet sous l'envers retroussé des balayeuses.

Paris était charmant ainsi, on se serait cru à Marseille !

Le ciel, balayé de ses fumées, semblait une turquoise pâle. De légers nuages couraient, brillants et blancs comme la soie. L'or des aiguilles

et des dômes éclatait plus vif dans l'air plus
pur ; et sous le soleil avivé et froid, les avenues, les boulevards avaient de plus profondes
perspectives.

La Seine, fouettée à rebrousse courant, la
Seine était bleue, mais vraiment bleue, d'un
bleu profond et doux, avec de petites vagues
crêtées d'une écume blanche, comme on les
voit en Méditerranée, quand le ciel est clair et
que le vent souffle.

Manet a raison, Yarz aussi, de peindre la
Seine bleue. Le jury de peinture aurait pu
constater de la réalité de cet azur s'il se fût levé
aussi matin que moi, l'autre jour. Trop tard
maintenant : le ciel est mouillé, la rivière grise,
et le mistral s'en est allé. — « C'est ça, leur
Paris? Je retourne en Crau ! » grommelait-il en
s'envolant, avec un fort accent de Canebière.

Débarqué à sept heures, il repartait sur les
midi, et s'amusait déjà, sur les midi et demi,
à retarder les trains de chemins de fer, et à faire
du côté d'Avignon, tourner plus vite qu'il ne
faut les rouages et les aiguilles des horloges
publiques.

PLACE DAUPHINE.

Dimanche dernier, tandis que les Parisiens mis
en gaieté par un vrai soleil de printemps circu-

laient, familles et couples, sur les talus des fortifications avec une vague espérance de voir au
loin les côteaux verdir, voulant avoir ma part
de rayons, j'enfilai la première rue et me diri-
geai vers la Seine. Parlez-moi des quais, quand
il fait beau ! C'est le plein air en plein Paris ;
c'est, venant d'amont et d'aval, de Charenton
et de Meudon, une invasion de nature à travers
la ville.

Autre chose que le soleil m'attirait d'ailleurs
sur les quais. Je venais de lire dans un journal
de province, c'est quelquefois le bon moyen
pour avoir des nouvelles d'ici, qu'une armée
de terrassiers travaillait à transformer la place
Dauphine en square. La place Dauphine ! Cela
m'avait un peu effrayé. Car, vous ne l'ignorez
pas, la place Dauphine est condamnée. On lui a
déjà démoli, voici près de dix ans, un des côtés
de son triangle, pour donner de l'air, j'imagine,
à la façade du Palais de Justice, qui est un chef-
d'œuvre de feu M. Duc ; les admirateurs de
M. Duc enlèveront les deux autres côtés, un
jour ou l'autre ; et cette fine pointe de maisons,
dessinant logiquement la fine pointe de la Cité
et pareille entre les deux bras de Seine à
l'avant même du vaisseau de Paris, disparaîtra
laissant Paris camard, tout épaté en une façade. La façade y gagnera : on la verra de loin,
de très loin, avec ses grands aigles perchés au
bord du toit ; seulement Paris y aura perdu.

Ce n'était qu'une fausse alerte. On a bien, sur

la place, remplacé les pavés par de la terre de
bruyère et planté des becs de gaz en attendant
les arbustes et les fleurs ; on n'a pas touché aux
maisons. Il y a sursis ! Allons tant mieux...
mais quelle différence avec la place Dauphine
d'autrefois !

Vous vous rappelez sans doute ces maisons
étroites et hautes, les unes bourgeoisement ba-
digeonnées, les autres montrant par endroits,
sous le vieux crépi qui s'écaille, leurs briques
du temps de Louis XIII. Tout cela gai, bien
qu'un peu moisi et sentant une odeur de chicane. De petits jardins suspendus fleurissaient
les fenêtres et les toits ; des cages d'oiseaux s'é-
gosillaient sur des panonceaux d'agents d'affaires et d'huissiers, sur des enseignes de journaux judiciaires. Dans le fond, une voûte basse,
noire comme l'entrée des enfers, menait à la
préfecture de police.

En ce temps-là, les omnibus qui traversaient
le Pont-Neuf faisaient un crochet par la place :
détour agaçant, inutile, bon à crisper les nerfs
des gens pressés ! On entrait au galop, éraillant
les murailles de l'essieu, par le goulet ouvert
dans l'angle entre des boutiques de lunetiers et
d'orfèvres, où les instruments d'astronomie, la
vaisselle plate démodée semblaient vouloir se
cacher de l'acheteur sous des grillages crasseux
et poudreux. (Une de ces boutiques, aujourd'hui
encore intacte, vit naître madame Roland.) On
longeait les maisons de droite, on tournait à

gauche, et l'on s'arrêtait devant le bureau des correspondances, après avoir contemplé sous toutes ses faces la fontaine historique de Desaix.

Vous ne l'avez pas oubliée non plus, cette fontaine ? Pour mon compte — faisant le trajet deux fois par jour, de l'Odéon aux boulevards, et toujours sur l'impériale, hiver comme été, la tête au soleil ou le fond de mes culottes dans la neige, moins par économie sans doute que par désir de ne rien perdre de Paris, mais aussi par économie, — il me semble la voir encore. De style un peu raide, dans ce goût néo-grec du Directoire dont la raideur n'est pas sans grâce, un peu maigre en ses proportions, elle *faisait bien* cependant au milieu du triangle étranglé qui lui servait de cadre. D'abord un petit bassin, rond comme une cuve, sans ornements et sans moulures, avec quatre mufles de lion en bronze crachant l'eau. Dans le bassin et baigné par l'eau, une sorte de piédestal circulaire où ressortaient en bas-relief, en relief très bas, deux fleuves barbus penchant des urnes : le Pô et le Nil, le Rhin peut-être ! et deux Renommées inscrivant des noms de Victoires sur deux écussons. Le tout portait le buste du héros, posé sur un cippe, et une femme, jambes nues, bras nus, drapée à l'antique, dominant le buste et le couronnant. Le buste était, autant qu'il m'en souvienne, assez bien conservé. Mais la femme, une France armée, sculptée dans de la pierre molle et friable, avait beaucoup souffer

de l'intempérie des saisons. On ne savait plus
guère ce qu'était sa coiffure. Cette chose ar-
rondie, sans angle, gardait vaguement le profil
d'un casque; mais nos yeux prévenus aimaient
mieux y reconnaître un bonnet phrygien. Un
jour, Victor Noir arriva, nous annonçant que
l'infâme empire faisait sournoisement restaurer
la statue et remplaçait le bonnet phrygien de
nos rêves par un vulgaire casque de pompier.
Nous allions protester, la jeunesse d'alórs
protestait beaucoup! malheureusement, une
image que nous découvrîmes, une image du
temps, avec le casque hélas! vint donner tort à
notre indignation.

La fontaine a disparu depuis dans les boule-
versements du nouveau Palais de Justice. Desaix, la France avec son casque, les Renommées
et les Fleuves sont partis, emportés à l'île des
Cygnes sans doute, au fin fond de ce dépôt des
marbres, limbes et lieu d'exil où dorment tant
de monuments.

UN JOUR D'ÉLECTIONS.

Deux gendarmes silencieux se tenaient au
milieu de la placette, tandis que nos parents et
connaissances, rasés de frais, en beaux habits,
montaient le grand perron, puis le redescen-
daient, les deux poings dans les poches de leur

veste courte, avec un air de gravité qui n'était pas celui de tous les jours.

Il venait aussi des étrangers, des gens de ferme ; il en venait toujours, et comme personne ne s'en allait, le soir, quand six heures sonnèrent, on eût dit véritablement une foire devant la mairie.

A ce moment, un homme arriva, suant, poudreux, le bâton à la main. Il devait arriver de loin, car à son large chapeau de feutre noir et à sa barbe de sapeur on reconnaissait tout de suite un de ces charbonniers qui vivent seuls et brûlent des arbres dans la montagne. « Laissez-moi passer, tonnerre ! laissez-moi passer. » Il montrait un papier ; il jurait en fendant la foule. Mais, près de la porte, le valet de ville l'arrêta : « Trop tard ! — Comment ! trop tard ? — La réplique sonne. » En effet, tout en haut de l'antique horloge que rougissait le soleil couchant, dans sa cage de fer ouverte au vent et à la pluie, la cloche, vibrant sous le marteau, achevait d'égrener le deuxième coup de six heures. L'homme écouta ; jamais je n'oublierai l'expression de tristesse et d'amer regret qui passa sur son visage tandis qu'il déchirait lentement, à menus morceaux, le bulletin désormais inutile. Sans savoir pourquoi, cela m'émut, et, fort éloigné encore de l'âge où l'on devient électeur, je conçus une idée vague et grande de cet acte mystérieux qu'autour de moi j'entendais appeler « le vote. »

Il y a huit jours, à l'occasion des élections dernières, le hasard me fit assister à quelque chose de presque aussi touchant, bien que légèrement comique et mélangé d'un grain d'ironie parisienne. Je me promenais vers Montrouge, rêvant de pittoresque mais cherchant en vain à ces quartiers populaires une physionomie particulière ce jour-là.

Peu de monde dans les rues; la plupart des gens s'étaient empressés de voter dès la première heure, à l'ouverture des bureaux, pour s'en aller ensuite attendre les résultats le long de l'eau et sous les arbres. Parfois un bourgeois, un ouvrier, ayant sa femme au bras ou tenant son enfant par la main, expliquait, discutait les choix des comités. A cela près, un dimanche semblable à tous les dimanches de beau temps.

Je serais revenu bredouille de cette chasse aux impressions si, lorsque las et découragé je regagnais le Paris central, mes pas ne m'eussent conduit dans une étroite petite rue. Jamais et nulle part coin de province plus tranquille : des maisonnettes à jardins, des branches d'acacias faisant ombre par-dessus les clôtures. A l'entrée, le long d'un mur bariolé d'affiches, une marchande de fleurs était installée, et les hampes de ses glaïeuls, les calices flamboyants de ses lys du Japon, les feuillages en dentelle de ses plantes vertes, voilaient un peu sans les cacher, avec un éclectisme charmant, les noms des candidats rivaux et leurs promesses imprimées. Près de là, sous un drapeau, à la porte d'une maison d'école, quelques distributeurs, le bulletin à la casquette, attendaient les rares électeurs. Tout à coup, dans cette solitude et dans ce silence, effrayant les moineaux, un grand bruit de roues retentit : c'était un corbillard vide mené au galop par son cocher. Le corbillard s'arrêta devant la salle de vote. Le cocher descendit, superbe, avec ses brandebourgs, son tricorne et ses hautes bottes bien cirées, qui laissaient voir un peu de culotte au jarret.

On l'applaudit ; lui ne rit pas. Il prit de tous les billets, sans exception ; et comme il ne savait guère lire, attentif, il se fit expliquer, l'un après l'autre, les noms inscrits dessus. Puis, son choix fixé, il entra. Une minute après, le brave homme noir remontait fièrement dans son char à franges blanches et repartait, claquant du fouet, dans la direction du cimetière Montparnasse.

L'ARRIVÉE DES TABLEAUX.

Depuis hier, le Salon est un petit peu ouvert Hier, au soleil tombant, sonnait l'heure du dernier délai accordé aux peintres pour la présentation et l'inscription des œuvres qu'ils veulent exposer. Maintenant les portes sont

closes, la récolte engrangée ; le jury n'a plus,
en prenant son temps, qu'à séparer le bon grain
du mauvais.

Quel tapage, cette après-midi, aux environs
de la façade du Palais qui regarde l'arc de
l'Étoile ! Les paisibles promeneurs que le
hasard a conduits de ces côtés ont pu assister
au plus surprenant des spectacles. L'émeute,
une émeute en belle humeur, grondait devant
les portes 10 et 11. Des jeunes et des vieux,
les rapins et les maîtres, toute la colonie
artiste était là, se pressant autour des véhicules
disparates, tapissières, chars à bancs et voitures
à bras, qui apportent les toiles retardataires.—
« Attention, vous autres !.. gare aux bosses !.. »
C'est un énorme tableau, flambant neuf et reluisant dans son cadre d'or. Quatre vigoureux
gaillards en cotte bleue ploient sous le faix ;
l'auteur suit, paternel et modeste. On se pousse,
on se dresse sur la pointe des pieds, et, selon le
sujet ou la signature, on applaudit, on grogne,
on hurle. « Bravo, Manet !... — A l'eau les
tachistes !... — Mort à Cabanel ! — Vive la
ligne ! » Car, dans ces querelles *en blague*, ces
attrapages pour rire, percent néanmoins les
rivalités d'atelier et les préoccupations d'école.
Il y a les incidents gais : un gommeux amateur
amenant ses croûtes en équipage ; un original,
barbe grise et béret à gland, qui trimballe lui-
même son œuvre sur un crochet de commissionnaire auvergnat ; un modèle, belle grande fille

cambrée dans son costume voyant et collant, à
qui les élèves des Beaux-Arts font un triomphe
comique en criant : « Tiens, Clémence !.....
frappante, Clémence !... » chaque fois que passe
une Vénus sortant de l'onde, une Vérité sortant
du puits, une Suzanne sortant du bain, une Sa-
lomé peu vêtue ou une bacchante se roulant
toute nue sur des peaux de panthères. Cela dure
jusqu'au soir ; puis les groupes s'égrènent et
s'en vont, dans les cafés du voisinage, discuter
les mérites et les succès probables des tableaux
ainsi entrevus.

UN PAYSAGISTE.

Le paysagiste promène à travers champs des
préoccupations naïves. Se lever dès l'aube,
marcher dans l'herbe et la rosée, déjeuner
à la ferme ou à l'auberge, chercher le *motif*
jusqu'à ce que le soleil pique trop fort, et
faire à l'ombre, en attendant *l'heure de l'effet,*
un somme traversé d'agréables rêves ou il s'imagine être Rousseau et peindre le tableau du
givre qui vient de se vendre soixante et quinze
mille francs ; tels sont ses labeurs et ses joies.
La politique le laisse froid ; de l'église, il ne
connaît guère que le clocher, qui « fait bien »,
dressant au lointain, sur un horizon de feuil-

lage, sa flèche aiguë que surmonte un coq doré, sans pattes et la queue en faucille.

Z..., le brave père Z... est un remarquable spécimen de ces organisations innocemment contemplatives.

Je le rencontrai l'an passé dans un aride coin du Midi où l'avaient appelé des affaires de famille. Tous les matins il bouclait ses guêtres, son sac et partait, sous un soleil de plomb, à travers des plaines pierreuses. Suant, écrasé, il marchait ainsi jusqu'à ce qu'il fût arrivé à un petit vallon relativement vert, connu de lui seul, oasis microscopique dans un Sahara de cailloux, où poussait un arbre. Z... se mettait alors à peindre l'arbre qui, disait-il, lui rappelait la Normandie.

Je le rencontrai encore cet hiver, un jour d'âpre bise. C'était à Montmartre, sur le versant pelé qui regarde la plaine Saint-Denis. Pris de la nostalgie du Midi, le brave homme avait découvert là un coin de carrière abandonnée dont le sol sans herbe, les pentes plâtreuses et croulantes lui paraissaient d'aspect merveilleusement provençal. Assis sur sa boîte, la palette au pouce, il peignait, il peignait, fouetté du vent, transi, morfondu, mais rêvant de calcaire blanc, de ciel bleu, de rayons torrides et suffisamment réchauffé par son rêve.

LE PERROQUET.

J'ai fait une découverte aux saltimbanques.
Oui, parmi tous ces hercules, danseurs de
corde et avaleurs de sabre, femmes de feu et
femmes géantes, montreurs de phénomènes et
diseurs de bonne aventure, dont les exercices
ne varient guère, j'ai trouvé quelque chose de
pittoresque et d'original qui — évoquant soudainement dans ma pensée le souvenir du grand
combat soutenu par Cyrano de Bergerac contre
le singe de Brioché — m'a reporté, à travers
trois siècles, au temps des parades sur le pont
Neuf.

Ici ce n'est plus d'un singe, mais d'un perroquet qu'il s'agit : un ara superbe, orange et
pourpre !

Le perroquet est sur une table ; un bout de
fleuret, emmanché d'une façon spéciale, s'a-
dapte à son bec. Le maître du perroquet, en
tenue de salles d'armes, se campe devant lui,
une épée d'enfant à la main.

Attention ! l'assaut commence : le maître
salue de l'épée, le perroquet salue de l'épée ; le
maître fait trois appels du pied, le perroquet
fait trois appels ; le maître se fend, le perroquet
se fend aussi, et c'est alors entre l'homme et
l'oiseau une série d'attaques, de parades, de

marches et de contre-marches, de feintes, de coups et de bottes à rendre jaloux les raffinés d'autrefois et les friands de la lame d'aujourd'hui.

Le maître est quelquefois touché, le perroquet plus rarement; dans l'un et l'autre cas, le perroquet, retirant à l'aide de sa patte la pointe d'acier qui lui décore le bec, et roulant amicalement une langue épaisse et noire pareille à une grosse noisette, s'approche du bord de la table, tend le cou et donne le baiser de paix à son adversaire.

Jusqu'à présent on s'était volontiers représenté le perroquet, animal sagacé et méditatif, portant sur son œil rond les lunettes en or du magistrat ou du notaire. Celui-ci, au contraire, grâce à la courbure extravagante de son profil, rappelle plutôt le type connu des Matamore et des Fracasse. Son allure m'a même paru légèrement provocante, et vraiment, si j'étais de force, si je m'appelais Carolus Duran ou Legouvé, je ne résisterais pas au désir de croiser le fer avec lui.

MON CHAT ET MA HUPPE.

Mon chat vit toujours, le voilà là-bas qui fait le dos rond au soleil. Ma huppe est morte, je la pleure encore.

On l'avait prise dans le creux d'un chêne, la dernière du nid, les autres s'étant envolées. Et que de peine à l'élever ! Nourrir un oiseau mangeur de grains est facile : le blé, le mil ne sont point rares ; on vend ça tout fait chez le grainetier. Mais c'est autre chose avec la huppe, qui se nourrit de vers et d'insectes. Souvent le ver, l'insecte manquent ; la huppe ouvre le bec, criant famine ; et il faut être un peu plus que chimiste pour lui composer une pâtée qui ait précisément le goût des vers et des insectes qu'elle aime.

A force de soins, ma huppe en réchappa. Son bec durcit, ses plumes poussèrent : un bec long d'un pouce et de superbes plumes roux-cannelle rayées au bout de blanc et de noir. Elle avait aussi l'ornement des huppes, une aigrette en éventail rousse et noire. Mais, naturellement modeste, elle la portait d'ordinaire rejetée sur le cou comme un capuchon qu'on rabat, et ne la déployait que dans les grandes occasions, quand elle avait peur ou qu'elle voulait se faire belle.

Il fallait la voir au jardin, sondant le sol, purgeant les arbres, jetant les vers et les chenilles à deux pieds en l'air par-dessus sa tête, et les recevant dans son bec ouvert avec une adresse de jongleur. A l'époque où je la perdis, son éducation était parfaite ; elle ne ratait pas un coup sur quatre, ce qui n'est pas commode. On peut d'ailleurs s'en rendre compte, comme je l'ai fait, en essayant soi-même avec des boulettes en mie de pain.

Quelque temps auparavant, j'avais eu l'idée malheureuse d'introduire un chat dans ma maison ; oui ! ce gros là-bas qui m'écoute, mais il était alors tout petit.

La présentation fut comique. La huppe alla vers le chat la première, l'aigrette au repos, sans défiance. Le jeune chat, lui, sortit ses griffes avec l'intention bien arrêtée de manger sa nouvelle amie. La huppe comprit ; et, courroucée, redressant ses plumes, elle apparut coiffée d'un casque. Alors le jeune chat s'enfuit et grimpa tout au haut d'une échelle, effrayé qu'il était par cet inquiétant appareil guerrier. La huppe aussitôt se décoiffa, car elle n'avait pas de pensées mauvaises. Aussitôt la huppe décoiffée, le chat revint, se disant sans doute : — « J'avais la berlue quand j'ai vu un casque ; cet oiseau n'est certainement pas méchant, mangeons-le ! »

Et vingt fois par jour, à partir de ce moment, la huppe relevait et puis abaissait son aigrette ; vingt fois par jour le chat, partagé entre la terreur et la gourmandise, tantôt rampant, du sang aux prunelles, tantôt soufflant et hérissé, montait et redescendait son échelle. Ce manège dura un mois ! A la fin, plein d'une imprudente confiance, je laissais seuls parfois le chat et la huppe ; si bien qu'un jour, en rentrant, je ne trouvai plus que le chat, une plume rousse et

noire aux moustaches et se pourléchant les ba-
bines dans un coin.

L'ENTERREMENT D'UN POÈTE.

C'était en mars, ou en avril. Il faisait un
temps de giboulées, égayé d'éclaircies découvrant soudain un coin de ciel bleu. Le matin,
un journal avait annoncé que Glatigny, subitement, au moment où il se croyait mieux, venait
de mourir. On l'enterrait à Sèvres.

Sèvres n'étant pas loin de Paris, nous pûmes
arriver à temps devant la maison où s'étaient
passés les derniers, les plus heureux jours du
poète; maison telle qu'il avait dû la rêver, dis-
crète et vêtue de verdure, au fond d'un jardin
tout petit, mais plein de bosquets, de tonnelles,
et agrandi par le voisinage du bois.
Par-dessus les arbres et les murs, dans une
maison toute blanche, on pouvait lire en lettres
jaunes, d'un jaune de baudrier, cette inscription : — *Gendarmerie nationale.* — « C'est
une fatalité ! Né dans la gendarmerie, je devais
mourir à son ombre ! » m'avait dit quelques
jours auparavant, en riant de son bon rire, Glatigny qui était fils d'un gendarme et qui aimait
à le rappeler.

Le cercueil fut descendu dans le petit jardin, et le cortège se mit en marche

Il y avait là des comédiens et des poètes, des inconnus, des illustres, les amis des bons et des mauvais jours ; et dans les étroites rues de Sèvres, humides encore de l'averse, les blanchisseuses sortaient sur la porte des blanchisseries pour regarder ces Parisiens qui, sans curé, conduisaient un ami mort à sa dernière demeure.

Quelques-unes, ne songeant point à mal, se signaient.

Le cimetière : un vrai cimetière de village, aux murs bas et verdis, embaumant la verdure et le buis, un peu en pente vers Paris, et gai comme un versant de colline. C'est bien là l'endroit que se serait choisi pour y dormir le poète du *Bois* et de *Vers les saules*, épris d'espace et de lumière, qui, la veille encore, entre deux satires, chantait les joies demi-citadines, demi-rustiques, et les fins paysages de la banlieue parisienne.

Ni chant, ni discours ! Rien ne troubla les oiseaux qui, mis en joie par les rayons d'une éclaircie, pépiaient doucement dans les cyprès mouillés.

Le cercueil descendu, on se retirait ; quand un homme arriva, tenant par la main une petite fille. La petite fille avait une corbeille pleine des fleurs de la saison.

On devina ; chacun prit un bouquet, le jeta

dans la fosse, et le cercueil fut recouvert de
touffes de lilas, de violettes et de muguets.

Être enfoui ainsi sous les fleurs, avec le chant
des fauvettes au lieu de versets et de répons, et
les claires gouttes de pluie s'égouttant des feuilles pour eau bénite !

LE LONG DES QUAIS.

Un événement d'importance, l'ouverture de
la pêche, vient de passer presque inaperçu au
milieu de nos éternelles préoccupations politiques.

Pourtant l'événement est un événement bien
parisien. Ces simples mots : la pêche est ouverte,
lus un beau matin sur les murs, suffisent pour
transformer subitement, comme au coup de
sifflet des changements à vue, tout le Paris des
bords de l'eau, peuplant d'une population aux
mœurs sympathiques les bas-ports et les dessous de ponts hantés uniquement la veille encore par les vagabonds et les rôdeurs. Regardez :
les cannes s'allongent, les lignes se déroulent,
les lièges rayés de couleurs vives descendent
en dansant le courant, tandis que là-haut, sur
une vieille enseigne du quai du Louvre, — cen-

tre commercial des marchands de vers rouges
et de blé cuit, — le *Pêcheur matinal*, les pieds
dans les fleurettes d'une berge, son chapeau de
paille s'arrondissant dans un ciel de fraîcheur
tentante, ciel d'aube argentin et vibrant que
l'on croirait peint par Corot, décroche son éternelle ablette éternellement frétillante et semble
doucement sourire à cet empressement de la
première heure.

Empressement quélque peu platonique ! car,
au début, le poisson ne mord guère, soit, comme
le prétendent quelques malins, qu'il ait coutume après le frai de se purger en broutant les
végétations des rives, soit plus simplement parce
que les orages de cette saison, remuant les
fonds et troublant l'eau, le gavent et le rendent
insensible aux gourmandes séductions de l'a-
morce.

Mais peu importe ! il ne s'agit pour le moment
que de faire connaissance avec la rivière ; les
mois d'abondance viendront plus tard. Et, tandis que sa pensée va au fil de l'eau, sans perdre
pourtant du regard la ligne paresseuse, le
pêcheur se voit déjà faisant une rentrée triom-
phale, avec des goujons par douzaines qui rem-
plissent le sac en filet et luisent comme argent
vif à travers les mailles, ou bien quelque pièce
non pareille, cueillie à l'épuisette après une
lutte pleine d'émotion, et que l'on rapporte chez
soi, rustiquement suspendue au bout d'un brin
d'osier par ses ouïes ensanglantées.

La vie du pêcheur est un long rêve! Quel poète dira les rêves du pêcheur, ses espoirs, ses vastes projets et les ambitions souvent chimériques qui dorment au fond de cet œil rond et doux à la fois, subtil et candide, nuancé de bleu léger et de vert tendre comme s'il conservait un reflet des eaux tant regardées, où flottent ensemble et se marient l'azur du ciel et l'émeraude des grandes herbes.

Il y a quelque temps de cela, par une après-midi de soleil et de flânerie, je rencontrai un pêcheur dont la constance m'étonna. La chose se passait le long de l'eau naturellement, près des bains Vigier, sous le pavillon de Flore, oasis de verdure cachée entre le mur d'un quai et l'arche d'un pont, où les bruits de Paris ne descendent que comme un lointain roulement trop faible pour couvrir la voix de la rivière qui clapote et des oiseaux qui gazouillent, endroit unique et délicieux dont Harpignies a fixé l'image dans un tableau qui fit longtemps l'ornement de la salle à manger d'un restaurant d'artistes, rue Taranne, avec ses grands arbres classiques à travers lesquels, encadrée d'édifices et sillonnée de grands bateaux, luit la Seine à perte de vue. Assis sur un tronc d'arbre, les pantalons retroussés et laissant ses pieds tremper dans l'eau, j'aperçus quelqu'un qu'il me sembla reconnaître. Je ne me trompais pas : c'était bien lui, l'excellent homme et le comédien de grand talent dont je tairai le nom par crainte de compromettre la dignité d'un sociétaire de la Comédie-Française. J'allais me retirer discrètement, admirant au fond ce bain de pieds pris ainsi en public avec tant de bonhomie et de simplicité, quand, au bruit que je fis, le baigneur se retourna. — « Tiens! c'est vous, fît-il, chut!... pas de bruit!... » Je restai en place, fortement intrigué et ne comprenant pas bien pour quels motifs un bain de pieds pouvait avoir besoin de silence. L'homme au bain de pieds m'avait d'abord oublié : immobile, les yeux mi-clos, il semblait écouter au dedans de lui-même. Cela durait bien depuis cinq bonnes minutes. Tout à coup un soubresaut subit et sec, quelque chose comme un frisson électrique, le secoua. En moins d'une seconde, sa bonne et franche figure passa de la joie la plus folle au plus sombre désenchantement. Puis, reprenant l'expression de joyeuse sérénité qui lui est habituelle, il me regarda et me dit: « Ce sont encore ces sacrés goujons qui me font des farces! — Des goujons?.. — Oui ! Quand vient la grande chaleur, les gaillards se réfugient sous le bateau de bains pour avoir frais et téter commodément la mousse des planches qui est pleine de limaçons et de petits vers ; alors ils tirent, mordillent mon amorce, et cela m'agace à la fin, parce que je ne pêche pas au goujon. — Ah ! ça, vous pêchiez donc ? vous n'avez ni canne ni ligne ! » Souriant d'un air malicieux, après s'être assuré que la rive était déserte et que personne ne pouvait le

voir, il tira son mollet hors de l'eau et montra
le bout d'une forte ficelle nouée autour du cou-
de-pied : « Voilà, dit-il, c'est une idée que j'ai
eue ; il y a sous le bateau des barbillons énormes,
un surtout, moussu comme les carpes de Fontai-
nebleau, moustachu comme un héros de Sambre-
et-Meuse ; il pèse au moins quatorze livres,
quelqu'un qui l'a vu me l'a dit. Je le guette depuis six mois, et, comme maintenant la pêche
est défendue... »

A ce moment, derrière nous, le gravier cria
sous le soulier d'un promeneur ; notre pêcheur
replongea vivement sa jambe dans l'eau et la
ligne un instant retirée s'enfonça de nouveau
sous le bateau de bains, dans les profondeurs
ténébreuses, avec ses hameçons gigantesques
faits pour capturer Léviathan.

— « Au moins vous ne me trahirez pas ! » me
dit une fois l'importun passé, mon ami tout ému
encore. — Je vous jure, mon cher M. Barré...».
Bon ! le nom m'échappe.

Et voilà à quels exercices criminels un galant
homme, bon comédien, mais pêcheur victime
de son idée fixe, peut, l'imagination hantée par
des visions de barbillons monstrueux, employer
les loisirs que lui laisse Molière !

LA PÊCHE EST FERMÉE.

Fermée depuis cinq jours !... La veille du vendredi saint, coïncidence agréable à tous les bons chrétiens amateurs de goujons et d'ablettes, on put encore amorcer ses lignes. Mais, hélas! pour la dernière fois! ce qui donnait comme un caractère solennel et sacré à cette suprême friture.

Et maintenant les quais sont tristes. Quelque chose manque au paysage de Paris : l'interminable rangée de longs roseaux et de larges chapeaux de paille bordant les deux rives de la Seine, depuis Charenton où l'eau baigne l'herbe jusqu'au Point-du-Jour qui découpe en plein ciel et sur le fond vert des coteaux de Meudon ses arcades triomphales.

Que faire pour occuper d'aussi détestables loisirs ?...

Mettre en ordre son carnet de pêche?

Relire pour la vingtième fois un fort traité sur la matière, enrichi d'affriolantes images représentant toutes sortes de poissons aux couleurs vives, le croc au nez, l'œil rond comme une cible, qui courbent du poids de leur corps des cannes prêtes à casser, ou qui cabriolent en bonds éperdus sur le gazon des berges ?

Quelques pêcheurs restent au logis, se préparant pour la campagne prochaine, ajustant, tordant, nouant bout à bout des kilomètres d'un crin minutieusement choisi, ou combinant avec une science d'alchimiste un appât nouveau, mixture étrange et mal odorante, capable d'attirer d'amont et d'aval, jusque sous le pont de la Concorde, les truites natives de Saint-Seine et les gros barbillons qui flânent vers la barre de Quillebeuf.

D'autres enfin s'en vont dans les bois faire leur provision de scions qu'ils veulent droits, avec des nœuds réguliers, trempés pour ainsi dire à la brise, et réunissant, comme les bonnes lames de Damas, l'extrême résistance à la parfaite flexibilité.

Mais tous, pareils à ces âmes errantes dont parle Virgile dans sa description des Enfers, tous reviennent au bord de la rivière, obstinés et mélancoliques. Ils scrutent le fond, étudient les *riants*, les tournants, les remous ; se livrent à une étude raisonnée et savamment topographique des *hays*, des *falaises*, des pentes herbeuses, caillouteuses ou moussues, résignés en apparence, mais songeant avec amertume à tant de plaisirs interdits, et cherchant d'une main crispée l'arme absente, chaque fois que dans l'eau pénétrée de soleil, des milliers, des milliards de petits poissons passent par bandes, luisants, vifs et minces, pareils à des aiguilles de fin acier qui nageraient.

Les malins vont à Sceaux.

Là, se trouve un lieu de béatitude et de refuge, vrai paradis pour les pêcheurs, où l'on peut narguer l'arrêté et promener en toute saison l'hameçon sur une eau tranquille.

Paris-Sceaux! Quel charmant voyage par ce minuscule chemin de fer qui fait deux ou trois fois, nonchalamment, avant de se décider à partir, le tour d'une gare fleurie, et qui semble multiplier ses courbes pour quitter le plus tard possible les gentils pays traversés. C'est Arcueil et son triple aqueduc ou, dans les ruines d'un mur romain s'encadre le portail sculpté d'une villa Renaissance; Bourg-la-Reine peuplé de céramistes; Fontenay-aux-Roses qui mériterait aussi bien de s'appeler Fontenay-aux-Glycines, car toutes les maisons du village, humbles ou riches, y sont tapissées de branchages noirs et tortillés que l'on prendrait pour des ceps de vigne centenaires auxquels chaque printemps suspend d'innombrables grappes violettes. Et partout, à droite et à gauche de la voie, des champs de fraisiers, des champs de rosiers, des

vergers tout blancs qui embaument, partout de
la verdure et des fleurs, jusqu'à Sceaux où, dès
l'arrivée, sur un socle modeste, dans un cimetière gai comme un jardin, le bon Florian semble sourire.

Prenons tout droit la grande rue; gagnons
l'endroit où fut le château; franchissons la grille
et pénétrons dans ce qui reste du vieux parc.
Maintenant tournons à gauche (l'allée de droite
conduirait au bal célébré par Balzac); traversons la pelouse; descendons, près d'un temple
en ruines, les marches disjointes d'un perron... Halte! nous y sommes.

Dans ce coin retiré, derrière un rempart de
charmille, dort, à l'ombre, une pièce d'eau. Elle
est carrée, avec une bordure d'herbes folles;
une simple barrière à claire-voie en interdit l'approche au vulgaire. Tout autour, on a disposé des
petites tonnelles où grimpent des volubilis et que
séparent des buissons de roses. Installés chacun
sous sa tonnelle, quelques sages, en tenue de
printemps, amorcent et pêchent. Moyennant
cinquante centimes d'entrée et la location des
engins il vous est permis, si vous voulez, de faire
comme eux.

Dans cette solitude relative, au milieu du
profond silence que trouble seule la voix du rossignol et, par instant, l'écho lointain d'un qua-
drille, nous pourrons, tout en suivant sur l'eau
les mouvements lents du flotteur, passer quelques bonnes heures à rêver aux souvenirs que

ces lieux évoquent : au roi-Soleil et à Colbert, à Voltaire, à la Régence, aux grands jours de la petite cour du Maine.

Nous pourrons même prendre des poissons, car la carpe abonde.

Seulement, il s'agit d'être prudent.

D'après le règlement, le pêcheur est obligé de payer le poisson qu'il pêche ; l'administration le lui vend au poids. Plus il ferre souvent et plus la dépense augmente. Un gaillard trop heureux et trop habile serait sûr de se ruiner dans sa saison. Combinaison équitable peut-être, mais bizarre, d'où naît un genre particulier d'émotion : par orgueil, par entraînement on désire que le poisson morde, et par esprit d'économie on est furieux quand il a mordu.

PREMIER DIMANCHE DE PRINTEMPS.

Sans la crainte du lieu commun, je dirais, après cent mille autres, que Paris est la ville la plus belle du monde.

C'est la seule grande ville, en tout cas, dont la beauté s'encadre de nature, la seule que vous puissiez, un peu de partout, contempler à distance entre des troncs moussus et des branches, ou bien au travers d'un lilas fleuri.

On croit généralement que le Parisien va à la campagne pour le plaisir d'être à la campagne. Erreur profonde ! Il va à la campagne parce que, de là, Paris se voit mieux. La campagne, certes, ne lui déplaît point : un bourgeon qui pointe, une feuille qui tombe, un merle qui s'effarouche, un filet d'eau de pluie jouant à la source et se creusant son lit dans le sable jaune d'un chemin creux, et ce sont des cris, des étonnements, des extases enfantines. Le Parisien promène volontiers ses amours sous bois. Malgré les petites bêtes, les rhumatismes et les railleries, il fait encore son bonheur d'un dîner sur l'herbe humide, sans siège, sans table et sans nappe. Mais à une condition : c'est que toujours Paris étincelle à l'horizon dans le soleil et les fumées, c'est que toujours apparaissent, par delà la plaine, Montmartre en silhouette bleue, le Trocadéro, les Invalides et, sillonnée de bateaux-mouches, la Seine qui fuit sous les ponts.

La remarque m'en est venue à l'esprit dimanche, et je la rapporte telle quelle.

Dimanche, les Parisiens véritables, ceux qui se régalent des seules primeurs et trouvent qu'à sa deuxième représentation une pièce est déjà vieillie, ont voulu — dans ce merveilleux décor fait de coteaux boisés, de vallons et d'étangs qui tient des fortifications jusqu'à Versailles — applaudir avant tout le monde la répétition générale du printemps.

Peu de bruit, un public de choix, nulle bousculade dans les gares ; et pas l'écho d'un seul cor de chasse, pas l'ombre d'un seul mirliton.

Ces beaux jours furtifs, saison indécise entre l'hiver et le renouveau, ont un charme particulier. Aux grands arbres, dans les allées, les branches perdent leur rigidité ; elles se courbent alourdies et toutes gonflées de jeune

sève. Rien n'est bien vert encore, et l'air déjà
sent la verdure. Ça et là une touffe d'herbe sou-
lève les feuilles tombées de l'automne dernier.
Dans un endroit abrité, des pieds de violettes
ont fleuri. L'osier noir des mares se décore de
houppes soyeuses qui, chargées de pollen, ressemblent à des boules d'or. Mille petits boutons, pareils à des perles blanches en rangée,
percent la dure écorce de la fausse aubépine.
Un murmure court à travers le bois : « Alerte !
les Parisiens arrivent ! nous n'avons pas de
temps à perdre ; il s'agit de fleurir et de ver-
doyer ! » C'est sans doute pour cela que, en
dépit des savants et du Bureau des longitudes,
le végétation à Paris et dans ses alentours est
toujours en avance d'une bonne quinzaine sur
des climats scientifiquement plus doux.

A cheminer ainsi, en causant et philosophant,
nous voici arrivés dans Chaville.

La gare est au milieu des bois, de sorte que,
sautant hors du wagon, on se trouve tout à coup
en pleine verdure. Mais il vaudra mieux descendre la rue du village, gagner les étangs, et
puis remonter jusqu'à Velizy.

C'est une charmante promenade ; je me rappelle l'avoir faite il y a longtemps, dans des cir-
constances qui furent comiques.

Partis, le matin, de Paris, on avait déjeuné
sous une tonnelle attenant à un cabaret qui
étend par-dessus la rue, au bout d'une console
en fer forgé, une magnifique et curieuse ensei-

gne. Ce cabaret s'appelle : « le Cabaret de la prise et de la reprise du cerf ». Il paraîtrait que, vers 1826, un cerf poursuivi par les chasseurs y vint chercher asile dans la cour. Des peintres qui habitaient alors la maison intercédèrent pour lui, et les chasseurs firent grâce. Mais le même cerf, de nouveau poursuivi, revint encore l'année suivante. Cette fois, le cerf subit son sort, soit que les peintres aient manqué d'éloquence, soit qu'ils aient eu affaire à des chasseurs d'un naturel plus farouche. Les deux histoires sont fidèlement peintes, une sur chaque face de l'enseigne, avec le cerf et les chiens, les villageois armés de fourches qui accourent, les peintres reconnaissables à leurs barbes et à leurs chapeaux pointus, et les chasseurs en habit rouge. Une inscription donne la date et les détails de l'événement.

Mais revenons à notre promenade.

Au sortir du village, nous nous arrêtâmes entre les étangs et le bois, auprès d'une source ferrugineuse dont l'eau pétillante et fraîche est fort agréable à boire. Je la recommande aux amateurs qui s'égareront dans ces endroits. Il y avait autour de la source une palissade avec du gazon et une manière de jardin ; le tout ombragé de beaux arbres. A l'un des arbres pendait cet écriteau évidemment rédigé, malgré son apparent illogisme, par un profond observateur :

AVIS

La source et l'enclos n'étant pas propriété
du gouvernement,
Défense d'arracher les fleurs et de grimper
aux arbres !

Nous n'arrachâmes pas les fleurs, nous ne grimpâmes pas aux arbres. On s'assied un moment, on boit dans le creux de la main, chacun à tour de rôle, et on repart.

Le ciel s'était couvert de nuages ; il s'agissait, en nous pressant, d'arriver à Velizy avant la pluie. Vain espoir ! la pluie nous prit à mi-chemin : une pluie de printemps, aux gouttes lourdes et drues qui, en un rien detemps, eurent transpercé le feuillage épais déjà des châtaigniers sous lesquels nous avions compté trouver un abri. Les troncs s'imbibaient, chaque feuille était une fontaine. Parfois une branche trop chargée se secouant nous inondait d'un lourd paquet d'eau. On avançait pourtant, sans trop d'efforts, dans l'herbe et la mousse. Mais notre guide s'étant égaré, il nous fallut sortir du bois et couper droit à travers champs pour gagner Velizy dont nous apercevions le clocher dans les hachures de l'averse. Quelle caravane ! Les dames, car il y avait des dames ! faisaient peine à voir ; une surtout, depuis célèbre, et qui alors jouait les ingénues au théâtre de Bobino. Ruisselante et mélancolique, elle déclarait d'un ton convaincu que, dans des conditions pareilles, la campagne n'est plus un plaisir. Pour comble de malheur, elle avait des bottines neuves. Tout à coup son pied tourne, elle glisse : « Allons, bon ! mon talon qui est parti... » et elle ramasse, jaune de terre, un objet long et cylindrique, de la dimension d'un bouchon à champagne, que nous reconnûmes en effet pour un beau talon Louis XV cassé net au ras de la semelle. A partir de ce moment, l'ingénue boita (on eût, certes, boité à moins !); elle déclara ne plus pouvoir marcher; il fallut la soutenir, la porter presque. Enfin on arrive. O surprise ! tandis que l'ingénue séchait ses bas devant une flambée de sarments, la servante d'auberge — sous l'épaisse couche de glaise qui transformait en deux boules informes les bottines, — la servante d'auberge découvre les deux talons parfaitement intacts. C'était un autre talon, perdu par une autre promeneuse ou apporté avec des débris dans cet humus de banlieue où l'on trouve de tout, des boîtes à conserve et des poignées de parapluie, des écailles d'huîtres et des fragments de vieux Sèvres, que l'ingénue avait ramassé pour sien. Se croyant boiteuse, elle avait boité, une demi-lieue durant, de confiance et en toute conscience.

Depuis cette promenade à Velizy, rien ne m'étonne plus de ce qu'on peut me raconter sur les étonnants effets de l'imagination féminine.

HUMBLES IDYLLES.

Pendant quinze jours, les Parisiens ont vécu
dans une mortelle inquiétude. Cette infernale
lune rousse, grimaçant méchamment parmi
d'épais nuages, avait jeté sur nos trottoirs
tant d'ondées et de giboulées et fait passer à
travers nos rues de si furieux coups de vent,
qu'on finissait par ne plus croire aux promesses
d'un mois d'avril qui, montrant un instant derrière les lilas le bout de son nez rose, s'était
enfui pour laisser la place à tous les retours
du maussade hiver.

« — Printemps perdu !... » disaient les gens
avec tristesse, chaque samedi soir, sur le pas
des portes.

Mais le printemps aux bords de la Seine n'est
jamais perdu qu'à moitié et le voici qui nous

revient plus frais que jamais et plus fleuri, avec
son cortège d'heureux dimanches.

Aussi fallait-il voir hier la foule joyeuse
se précipiter vers les gares, et se presser en
lignes noires au contrôle des bateaux-mouches
sur le pavé des quais chauffés par le soleil.
D'autres, moins ambitieux ou n'ayant pas le
temps d'aller bien loin, prenaient tout simplement le premier tramway venu au passage.

Ainsi nous fîmes un peintre et moi, de sorte
que le tramway nous déposa sur le revers des
fortifications, en pleine luzerne militaire, à deux
cents pas d'un de ces étranges villages touchant
Paris, villages autour desquels le blanc domine
comme dans leurs rues, peuplés qu'ils sont généralement de lavandières et de carriers.

Deux petits mâts plantés en plein champ, et
deux petits drapeaux claquant au bout, annon-
çaient la fête. Un amas de blocs d'aspect égyp-
tien à l'entrée d'un puits de carrière nous permit en montant dessus, d'admirer à distance, dans
la Grand'rue resplendissante pour un jour de
porcelaines et de cristaux, l'alignement des
boutiques improvisées; la voiture à balcon doré
d'une somnambule vénitienne; l'enseigne peinte
d'une femme géante; la tente bariolée d'un bal;
les jeux d'anneau et de tonneau; les tourni-
quets, les balançoires; et surtout un manège de
chevaux de bois : superbe, énorme, à deux
étages, vrai palais féerique sur pivot, où des cré-
pines d'argent et d'or se réflétaient dans d'in-

nombrables glaces, et qui tournait chargé de
monde, avec ses coursiers apocalytiques, ses
chars traînés par des monstres inconnus, au son
d'une tumultueuse musique.

Des couples passaient courant à ces joies et
s'imaginant être à la campagne. D'autres revenaient, portant à la boutonnière ou au corsage,
le bouquet tricolore relevé d'un peu de paillon,
indispensable souvenir de toute fête suburbaine.

C'était tentant ! Mais plus amoureux de solitude que de cohue, préférant l'élastique gazon
à la couche de glaise poudreuse où le pied s'enfonce et le chant du pinson aux appels assour-
dissants des bateleurs, nous laissâmes non sans
regret, l'aimable village sur notre gauche, pour
nous diriger vers des bois dont les cimes émues
par la brise nous faisaient signe à deux kilomètres de là.

Beaucoup devaient avoir eu la même idée que
nous, car la lisière, près de la maison du garde,
se trouvait littéralement envahie. Des familles
munies de paniers assiégeaient le débit en
treillis rustique où l'on vend du vin « à emporter dans le bois ». Des gamins, attirés par les
douceurs, s'attardaient autour d'un fourneau
primitif où, dans des moules de fer chauffé,
crépitaient des gaufres.

— Ce n'est pas encore ici, paraît-il, que nous
trouverons la solitude... Allons plus loin.

Plus loin, c'est pire :

Au bout de tous les sentiers, tableau sur fond bleu dans un cadre vert, se profilent des groupes d'amoureux. A tous les coins, des *sociétés* dînent idylliquement, les mollets au frais dans le gazon. Ailleurs, on a fini de dîner ; des parties de barres s'organisent et ce n'est partout sous l'ombrage que cris de fillettes poursuivies. Çà et là, quelques philosophes vont secouant les jeunes arbres et font tomber des hannetons qu'ils renferment dans des sacs en papiers gris.

Cependant la foule diminue, les cris s'éloignent et peu à peu, dans le parfum plus doux de la mousse humide et des arbres, s'évanouit l'odeur appétissante mais trop civilisée des fritures.

O surprise ! nous rencontrons un ruisseau roulant de la vraie eau, obstrué de vraies herbes et cabriolant en vraies cascades. Nous pouvons le suivre, flâner tout du long, observer les bestioles et collectionner les fleurettes.

— Sans compter, ajoute mon compagnon, que le ruisseau descend à un étang inventé par moi. Là, tandis que je prendrai un croquis, tu pourras fumer tes cigarettes tranquille. Au pis aller, peut-être rencontrerons-nous quelques pêcheurs de grenouilles, mais le pêcheur de grenouilles est, de son naturel, discret et silencieux.

Le soir tombe quand nous arrivons. Sous le jour oblique, dans l'eau qu'aucun souffle ne ride, la flèche droite des peupliers, le feuillage découpé des saules, les iris et les joncs fleuris se doublent immobiles avec la netteté d'un dessin. Pas de bruit, pas même le vol d'un oiseau; personne, pas même le pêcheur de grenouilles.

— Enfin, nous voilà seuls !

— Seuls ? Pas encore...

Autour de nous, dans le silence du soir, s'éveille tout à coup une musique légère, aérienne comme un bourdonnement d'abeille, claire comme un timbre de cristal, musique de sylphe ou de fée ! Hélas ! les fées ne chantent plus et depuis longtemps les sylphes ont brisé leurs cymbales. Serait-ce l'écho lointain d'un bal ? Non, les sons viennent de tout près. Et sous la berge, presque à nos pieds, nous apercevons un petit vieux et une vieille qui, tranquillement assis, la main dans la main, le sourire aux lèvres, écoutent ces accords mystérieux. Les deux bonnes gens étaient venus dîner sur l'herbe et pour que la fête fut complète, pour l'égayer de doux souvenirs, ils avaient apporté avec eux leur boîte à musique qui, posée en équilibre sur un verre, à la fourche d'un petit bouleau, les régalait ainsi des airs de leur jeunesse. Et les deux vieux hochaient la tête; pour un peu ils auraient dansé.

Sancta simplicitas ! comme disait l'autre. C'est décidément dans les bois, autour de Paris, le dimanche, qu'on découvre encore des gens heureux.

ESTELLE ET NÉMORIN.

*— Si tu passes par Rambouillet voudrais-tu
te charger d'une commission pour l'hôtel du
Grand-Cerf?*

— Bien volontiers.

— Alors, écoute...

Voici trente ans et plus qu'Estelle et Némorin s'ennuient à Rambouillet, hôtel du
Grand-Cerf, chambre n° 8, dans deux petits
cadres noirs.

Némorin a un chapeau plat relevé par un
nœud de fleurs ; une cravate à la Colin tombe
le long de son gilet, attendant les brises prin-
tanières ; et des étoiles innombrables parsèment
sa jaquette lilas. Il tient, non sans candeur, une
brassée de pampres. Un chien frisé lui flaire
les mains.

Estelle est plus belle encore.

Sur sa robe de satin, comme on en porte aux champs, autour de son cou, dans ses cheveux, dans son bonnet de dentelles, le faiseur d'estampes a jeté à profusion de la poussière de verre qui reluit, et collé çà et là des fleurs de paillon et des ornements en papier découpé.

Elle vient de cueillir un énorme bouquet d'herbes folles que broute son mouton galant.

Malgré leur costume, voici trente ans qu'Estelle et Némorin s'ennuient.

Ils avaient été faits pour se regarder éternellement : Némorin, placé à droite et souriant ; Estelle à gauche, les yeux amoureux et son doigt fin posé sur sa bouche.

Mais l'hôtesse qui les acheta, femme sûrement respectable, ne comprit rien aux intentions naïves de l'artiste, et accrocha nos deux amants à l'envers.

Depuis ce temps, Némorin, le dos tourné, sourit de son immuable sourire rose aux vitres de la fenêtre et aux passants de la rue ; tandis que, chose horrible à dire ! c'est au lit d'auberge, au vulgaire lit à rideaux blancs que le mauvais goût provincial a décoré d'un éclatant liseré de calicot rouge, c'est au lit des rouliers et des marchands de bœufs que l'innocente Estelle prodigue ses agaceries.

A l'époque lointaine dont je parle, il m'arrivait souvent, par suite d'une de ces liaisons passagères, mais mal assorties, comme en contracte la jeunesse, de sourire avec des larmes dans les yeux, et je compris quel profond désespoir se cachait sous l'air souriant de Némorin et d'Estelle.

J'étais seul ; mon Estelle à moi venait de descendre à la cuisine, en peignoir du matin, pour y surveiller de ses propres yeux, avant le départ, la confection d'un certain chocolat de son invention, miraculeux, disait-elle, pour se soutenir en voyage.

Une envie me prit, enfantine ou sublime !

Si je décrochais les deux tableaux, et si, les replaçant dans le sens que l'artiste a voulu, je rendais le berger à sa bergère ?

Me voilà donc, très ému, en train d'escalader une chaise, puis la vieille commode vénérable et ventrue, au risque de renverser tout : globe, Jésus de cire et porcelaines ; et déjà, debout sur la pointe des pieds, je tenais..... lorsque soudain la porte s'ouvrant :

— Veux-tu bien vite raccrocher ça, imbécile ! me criait mon Estelle, qui m'apparut une tasse dans chaque main, au milieu des odorantes fumées qu'exhalait le chocolat à la crème.

Je sautai par terre piteusement.

— Que diable manigançais-tu là-haut ?

L'Estelle en question, pour mon malheur, était une belle personne de Picardie, blanche, grasse et d'aspect joyeux, mais encline à la

matérialité, et peu faite, en somme, pour comprendre ce que mon dessein avait de subtil et
de poétique.

— Rien, rien... Je ne manigançais rien ! lui
répondis-je en rougissant jusqu'au blanc des
yeux.

Notre chocolat pris, on monta en diligence,
et je n'osai même pas, avant de partir, regarder
sur leur mur les malheureux amants.

Pourtant, après quelques lieues, quand, hélas !
il n'était plus temps, l'idée me revint de leur
triste sort, de l'abandon où je les laissais, et ma
lâcheté me fit honte.

Elle, la tête à la portière, considérait le paysage, et riait en voyant défiler les arbres.

Je profitai de sa distraction pour faire le récit
de mon aventure à un monsieur ganté de noir,
cravaté de blanc, notaire ou médecin, qui s'en
allait expédier un mourant je ne sais où, et qui
devait le soir même retourner au pays que nous
quittions :

— Voulez-vous, Monsieur, m'épargner de
cuisants remords ?

— Volontiers, jeune homme.

— Allez demain à l'hôtel du Grand-Cerf. demandez la chambre n° 8, montez sur la grande
commode, et...

Le monsieur me laissa finir, puis il releva ses
lunettes d'or sur son front. et me foudroya de
ses yeux pâles.

23.

Il me prenait pour un mystificateur ou pour un fou.

Pauvre Estelle ! Pauvre Némorin !

Combien de temps resterez-vous ainsi, souriants et tristes, dans vos petits cadres noirs accrochés à l'envers ?

Seul un autre amoureux pourrait comprendre vos intimes mélancolies, et il ne descend pas un amoureux tous les jours à Rambouillet, hôtel du Grand-Cerf, chambre n° 8.

— Parfait ! voilà qui est entendu. Je m'arrêterai à Rambouillet, je descendrai à l'hôtel du Grand-Cerf, je demanderai la chambre n° 8, et, bien qu'ayant passé l'âge d'être amoureux, la commission sera faite.

POINTE VERS LE NORD.

— « Laissez Chantilly sur votre gauche, cou-
pez par le bois, traversez la pelouse, et tournez
derrière les écuries ; après cela vous n'aurez
plus qu'à suivre les murs du parc, et vous serez
rendu à Vineuil en un peu moins d'une demi-
heure. »

Je ne tenais pas à revoir Chantilly complè-
tement britannisé par la manie des courses,
ni son interminable rue au milieu de laquelle
deux ans auparavant, ayant demandé mon
chemin à des gamins qui jouaient aux billes,
ils me répondirent je ne sais quoi d'anglais,
puis s'éloignèrent d'un air sérieux et les jambes
en cerceau comme des jockeys. Je pris donc
par le bois, un joli bois herbeux et clair où
les alternatives de pluie et de soleil des derniers jours avaient fait éclore en quantité les

girolles jaunes, dont les touffes pressées luisaient
en grandes plaques d'or au pied des chênes, et
cet autre champignon à tort dédaigné dont les
arborescences bizarres ressemblent à des co-
raux blancs. Le chemin sous bois me parut
charmant. Tout au bout, dans l'encadrement de
l'allée taillée, rien que le ciel et la pelouse.
L'immense pelouse, si vivante les jours de
courses, était à cette heure, sous le soleil tombant, d'une pénétrante mélancolie. Comme à la
surface d'un lac, des milliers d'hirondelles ra-
saient l'herbe ; sur une de ces lourdes chaînes
en fer qui relient les bornes tout autour de la
piste, des petites filles se balançaient. De Chantilly, qui pourtant est une ville de trois mille
âmes, on apercevait seulement une ligne de
maisons basses. Entre de grands massifs de
bois, le château et les écuries remplissaient
la largeur de l'horizon.

— « A qui tout cela ? » demandai-je à de
braves gens qui s'exerçaient au noble jeu de l'arc
en buvant de la bière sous les arbres. — « Au
duc, » me répondirent-ils, presque scandalisés
de ma question.

Le château était au duc, les écuries au duc, la
plaine au duc, la forêt au duc ; rien qui ne fût
au duc, véritable duc de Carabas ! Le tir lui-
même, avec ses petits arcs detriomphe blancs et
sa grande cible de paille, lui appartenait. Cette
idée que j'étais chez le duc, et que je respirais
peut-être l'air du duc, me gâta un peu le paysage.

Ayant du temps avant dîner, je voulus voir de plus près ces ducales demeures. Tout y était comme jadis. Le vieux château d'Anne de Montmorency mirait toujours dans l'eau trouble des grands fossés ses élégantes architectures ; le vaste logis dix-huitième siècle, nommé je crois le château d'Enghien, alignait son double rang de fenêtres serrées derrière les orangers en caisse de la terrasse ; mais entre les deux s'élevaient toutes blanches des constructions nouvelles : une tourelle, un pavillon, une chapelle portant à son faîte un saint doré. C'est un troisième château que le duc construit sur d'anciens plans, et qui, vu ainsi de loin, fait l'effet d'un Chambord en miniature. Je m'avançai jusqu'à la grille d'honneur, d'aspect vraiment royal, flanquée de deux pavillons trapus, avec son écusson portant les lis de France.

On y arrive par un petit pont... Je me penchai sur le parapet.

Aussitôt, lourdement et se bousculant, d'énormes carpes apparurent, les unes superbes, à reflets de métal, les autres moussues et comme moisies ; et toutes me regardaient en faisant bâiller leurs gueules molles et blanches au ras de l'eau. Comme je m'éloignais regrettant de n'avoir pas de pain à leur jeter, une vieille se montra à l'œil de bœuf de l'un des deux pavillons et me dit : — « Ce sont les carpes du duc ; elles ont l'habitude de manger à cette heure-ci, voilà pourquoi elles paraissent si goulues ; mais on les nourrit bien, voyez comme elles sont grasses ! » Cette bonne vieille craignait sans doute que je n'accusasse le maître du lieu de ladrerie ; mais la chose à ce moment-là, était à cent lieues de ma pensée. La vieille ajouta obligeamment que, le lendemain étant un jeudi, je pourrais visiter le château et les jardins avec le public. Je la remerciai, résolu d'avance à ne pas profiter du renseignement, et préférant garder mon impression de majestueuse solitude.

A part la vieille, pas une âme !

En passant devant les écuries, mon pas sur le pavé donna l'éveil à une meute de chiens enfermés qui se mirent à hurler dans les cours sonores. Ce bruit me poursuivit longtemps, mêlé au cri aigu des hirondelles qui, maintenant, tourbillonnaient autour des grands frontons sculptés et des girouettes du toit représentant des chevaux et des cerfs. Comme le ciel se faisait sombre, je m'étais mis à descendre vers le village de Vineuil.

· Le parc, toujours le parc ! Décidément ce parc est immense.

De loin en loin une grille, un saut de loup s'ouvre dans le mur, laissant apercevoir de mystérieuses profondeurs vertes que traverse un garde-chasse ou quelque grand gaillard à livrée. Puis c'est une rivière ombragée d'arbres avec un pont demi-croulant orné de colonnes qui penchent. Maintenant la route suit l'eau ; on arrive ainsi au grand canal.

C'est de là que l'ensemble du parc se découvre. A droite, montant au château, les jardins de Le Nôtre, majestueux et tristes ; à gauche, les bois et la plaine ; et tout au fond, blanche et reluisante, la cascade par où vient s'emprisonner dans le canal et les bassins le capricieux ruisseau tant aimé par Gérard de Nerval et qui porte le joli nom de Nonette.

Tout cela sent l'abandon et la tristesse.

Dans l'eau que le reflet du ciel éclaire, s'enfonce par la poupe un batelet pourri. Sur la mousse amassée au bord et formant comme une couche flottante d'humus, croissent en liberté le cresson et les grandes prêles.

Des cygnes nagent et semblent dormir ; de temps en temps le saut brusque d'un gros poisson effraie les cygnes ; et l'on n'entend dans le silence du soir que le battoir lointain des laveuses et la plainte continue de l'eau pressée de fuir et bouillonnant sous l'arche du pont aux mailles serrées d'un treillis.

Je m'étais assis, songeant à la mélancolie de ces fins de race, à ces titres, à ces privilèges, vraie peau de chagrin dont chaque jour rétrécit irrésistiblement les bords, à ces restes de royauté qui finissent par tenir dans un château où l'on essaie des couronnes en chambre, et dans un parc triste où les jours de grande chasse on est encore un petit peu roi pour un peuple de piqueurs et de valets de chiens.

Tout à coup un sifflet strident traversa l'air. Le train de sept heures passait sur le viaduc, fabrique de genre nouveau que Le Nôtre n'avait pas prévue au bout de ses majestueuses perspectives !...

L'AUTOMNE AU CHATEAU.

Dimanche, le temps à Paris était si beau, le soleil si joyeux, et le gazon, dans les squares, sentait si bon, que les plus casaniers Parisiens, les plus acoquinés à leurs quartiers d'hiver, regrettaient un trop prompt retour, pris de nouveau d'une folle envie de campagne.

Fidèle, pour mon compte, au précepte d'Horace qui nous conseille de cueillir, comme on cueillerait une fleur, le jour clair et l'heure propice, je n'hésitais plus que sur la route à choisir, quand un menu fait, assez indifférent en apparence, me décida.

Dans une rue de mon voisinage, j'avais souvent remarqué à la devanture d'un modeste restaurateur une enseigne assez singulière. Enseigne vivante ! composée d'un hérisson qui, prisonnier au milieu des desserts nombreux et

des victuailles, se promenait sur un grand plat
recouvert d'une sorte de cage vitrée. Un matin
j'interrogeai le patron en train de prendre le
frais devant sa porte, m'étonnant de voir un hérisson, insectivore craintif et doux, mais diffici-
lement apprivoisable, vivre si longtemps en es-
clavage. Le patron, avec un sourire de bon
bourreau, me répondit : « Ce n'est pas le même ;
on les remplace à mesure qu'on les mange... »
L'histoire de saint Antoine et de son compagnon
fidèle, qu'il changeait tous les ans à la saison
des boudins ! J'appris ainsi qu'à Paris il y a
des mangeurs de hérissons comme en Espagne.

Or, dimanche, un hérisson nouveau allait et
venait dans la devanture. Sous ses piquants ra-
battus en capuchon apparaissaient ses pattes de
velours noir allongées et fines comme des
mains, son nez, ses yeux vifs, un bout de queue.
Mais l'omnibus qui passait ébranla les vitres ;
soudain le hérisson se roula, et j'aperçus, enfi-
lée à une des pointes de la pelotte, une feuille
de chêne, débris du lointain nid rustique.

Il est des détails évocateurs ! Celui-ci, bien
vulgaire pourtant : une feuille sèche sur un dos
hérissé et faisant la boule me permit de revivre
en une seconde tout le bel automne de l'an
passé, mon séjour dans la plantureuse Normandie, la vie de château que j'y menai ni plus ni
moins qu'un chroniqueur gentilhomme, et les
chasses au hérisson, les grandes chasses que
nous y fîmes !

La tête farcie de récits de high-life et de lectures de méchants romans, ce mot de « château » m'effrayait un peu. A vrai dire, je connaissais mes hôtes, je les savais gens d'esprit, aimables et simples ; cependant je me méfiais ; et, s'il faut l'avouer en rougissant, résigné à tous les ennuis, prêt à courir tous les hasards, j'avais mis un habit noir au fond de ma malle.

Dès mon arrivée à la gare d'Aptot — une microscopique gare à plus de vingt lieues de Paris, perdue dans les labours, les collines et les pâturages, au fin bout d'un petit chemin de fer de traverse, — je me sentis plus tranquille. On avait envoyé Justin m'attendre avec la voiture à bourrique, et cet équipage, d'ailleurs pittoresque, n'avait rien de trop féodal ni de trop mondain.

L'aspect du château acheva de me rassurer : pas de fossés, pas de tourelles, rien qu'un énorme colombier, et pour toute défense ou fortification une grille en fer contourné figurant des lances et des flammes, chef-d'œuvre d'un Benvenuto de village ; puis, au fond d'une cour plantée, immense et vaste comme un champ, une grande et vieille maison visible à peine au milieu d'arbres centenaires.

Devant, quatre kilomètres d'avenue ; derrière, un jardin commode et fleuri. Pour tout ornement, sur la façade à unique étage étalée et basse, un fronton avec un cadran qui porte une tige de fer. Le cadran n'a ni signes, ni chiffres, et la tige de fer ne marque point les heures. Symbole des immobiles existences d'autrefois, depuis cent ans et plus, elle indique le Nord de son geste immobile.

L'intérieur a fort grand air et donne une impression de luxe sans éclat, d'antique bien-être et d'accueillante somptuosité. Le long des corridors lambrissés, dans des cadres dorés qui reluisent quand je passe avec mon bougeoir, sourient de belles dames du temps passé, des magistrats en robe d'hermine, des guerriers pacifiques sous leur armure.

Un profond silence qui étonne au sortir du vacarme parisien ! J'ouvre les volets, mais la nuit est noire et je distingue à peine l'arbre d'en face, dont je touche en me penchant un peu, les feuilles froides avec ma main. A droite, à gauche, au fond, dans les champs, trois lumières brillent : Ce sont les trois fermes. L'une après l'autre les trois lumières s'éteignent ; j'éteins la mienne à mon tour et je me couche bien résolu à sauter hors du lit au premier chant des coqs.

De la fenêtre qu'on m'a donnée, et dont l'appui de pierre est brodé de lichens jaunes et blancs, j'aperçois dans la claire vapeur, par delà le mur et les arbres, un horizon sans fin de pommiers et de prairies. Tout dort encore ; pas une voix ! rien qu'un long soupir, continu, indéfinissable et doux comme la houle d'une mer lointaine : c'est le colombier qui commence à

se réveiller. Mais un rayon brille, de longs beuglements répondent dans les cours au cri rau-
que des paons et des oies. Des vaches, sonnette
au cou, traversent les chemins, et, tandis que
le garde guêtré, en blouse bleue, considère un
instant la couleur du temps avant d'entrepren-
dre sa tournée, tandis que les grimpereaux à
corps d'oiseau-mouche, courant en spirale autour des troncs gris-perle des tilleuls, font doucement tomber les feuilles mortes, les pigeons
du colombier, innombrables, en bande serrée,
fendant l'air de leurs ailes avec un grand bruit
de soie qu'on froisse, commencent dans le ciel
déjà clair, au-dessus des trois fermes et du château, leur éternel voyage circulaire.

Maintenant, ce sont les joies de la journée :
le lait bu fumant, les promenades, la cloche de
loin entendue et les amicales railleries qui saluent votre arrivée tardive au déjeuner, puis,
quand le soleil d'après-midi aura séché la pelouse, une de ces interminables parties de bal-
lon qui fortifient les bras, activent les poumons
et font oublier la fuite des heures.

— Et vos chasses au hérisson, vos grandes
chasses ?

— M'y voici ! Elles s'improvisaient le soir, à
ce moment particulièrement agréable où chacun autour de la table raconte, pour en faire
jouir les autres et surtout pour en jouir soi-
même à nouveau, ses aventures de la journée.
C'est une pêche aux grenouilles miraculeuse,

la découverte, dans le bois de pins, d'étonnants
champignons curieusement barbouillés d'indigo vif et de cinabre, un coup de fusil venu à
point pour la délivrance d'une colombe serrée
déjà par l'émouchet. Tout à coup de furieux
abois retentissent du côté de la mare ; l'histoire
en reste interrompue ; on prend des flambeaux,
on court, on s'empresse ; on trouve Tom qui,
de son nez ensanglanté, pousse et retourne un
infortuné hérisson surpris tandis qu'il se promenait en famille. Aujourd'hui le père, demain la
mère ! le brave Tom est inexorable, et toute la
portée y passera. Nous essayâmes de sauver ces
animaux inoffensifs : on les mettait au fond du
jardin sous une cage à poules ; invariablement,
le matin, ils étaient morts. Je finis par découvrir
que les bons fermiers se levaient la nuit pour
les arroser d'eau bouillante.

« — Ces bêtes-là, disaient-ils en manière d'ex-
cuse, ces bêtes-là, c'est plus mauvais que tout ! »
Ils les accusaient, entre autres crimes, d'empêcher les vaches de vêler.

Triste fin, mais encore préférable à celle ré-
servée au pauvre diable qui, conscient peut-être
de son sort comme l'est le naufragé que des
anthropophages engraissent, se promène sur
un grand plat, avec une feuille sèche pour co-
carde, à la vitrine d'un restaurateur !

VENDANGES PARISIENNES.

L'automne raccourcit les jours. Pris d'un vague effroi en s'apercevant que le soleil devenu paresseux se couche tôt et se lève tard, que les plates-bandes ne fleurissent plus, que les feuilles des arbres tombent sans qu'il vente, que le ciel se ternit, que la bise s'aiguise, — tous phénomènes alarmants ! — l'amateur de villégiature a soupiré : « assez des champs, rentrons à la ville ». Et, de Ris-Orangis à Fontenay-aux-Roses, de Meudon au Vésinet, on ne rencontre partout que voitures de déménageurs chargeant meubles et matelas devant les grilles des maisons d'été aux jets d'eau taris, aux persiennes tristement closes.

Les étrangers partis, çà et là des paysans reparaissent. C'est le vrai moment de courir la banlieue rendue ainsi pour quelques mois à une rusticité relative.

Samedi dernier, l'idée me poussa d'aller à Carrières-Saint-Denis voir faire la vendange. Carrières-Saint-Denis est célèbre autour de Paris pour un petit vin à parfum de caillou que les amateurs ne craignent pas de préférer à l'Argenteuil et même au Suresnes.

« — Et surtout, m'avait dit mon ami Nestor Duhamel, ne prends pas par Saint-Denis pour te rendre à Carrières ; le chemin serait long en diable. Ce surnom Saint-Denis ajouté à Carrières afin de la distinguer des sept ou huit autres Carrières qui émaillent la carte de Seine-et-Oise, a une signification plutôt historique que topographique. Carrières était fief de l'abbaye, mais de tout temps fut situé à l'endroit où il se trouve encore, assez loin du tombeau de nos rois, sur la rive droite de la Seine (bras mort), entre le pont de Chatou et le barrage de Besons. On y va généralement par Chatou. Tu peux aussi t'arrêter à la gare de Nanterre et couper à travers champs droit sur le village qui, là-bas, blanc sur le coteau, se donne des airs de petite ville. Arrivé à la rivière, tu crieras : Cosson !... père Cosson !! Quelqu'un te répondra : Ohé !... ohé !! Au bout de dix bonnes minutes un homme apparaîtra sur l'autre bord. Il démarrera un bateau amarré à des saules. Vous passerez un premier bras, vous réamarrerez le bateau, vous traverserez l'île à pied par un petit sentier tracé au milieu de plants de betteraves, et un second bateau affecté au service du second bras te mettra en quelques coups de rame devant la maison du père Cosson, à la fois débitant et passeur, qui possède dans sa cave une eau-de-vie de marc vieille de cinq ans, comparable pour le velouté au meilleur kirchwasser d'Alsace. »

Muni de ces précieuses indications, je descendis donc à la gare de Nanterre, je coupai droit à travers champs ; je criai : Cosson!... père Cosson!! cinq minutes durant sur la berge, et, le père Cosson étant venu, je débarquai sans mésaventure au pied du coteau modéré qui porte Carrières-Saint-Denis.

Carrières-Saint-Denis est un plaisant séjour, un village resté villageois et plus tranquille que ne le ferait supposer le voisinage de Chatou et de sa Grenouillère. Jamais l'empreinte d'une espadrille de canotier sur le sable n'y vient effrayer l'habitant, Robinson paisible ! Les canotiers ne connaissent point ces parages ; le barrage de Besons étant un barrage fermé, c'est de l'autre côté de l'île que passent au printemps leurs flottilles hurlantes et bariolées.

Une vue admirable : la Seine, l'île, puis la plaine ; et, barrant l'horizon, avec un lointain suffisant pour que quelques détails trop modernes de cultures, d'habitations et d'usines se perdent dans la majesté des lignes d'ensemble, la masse du Mont-Valérien. C'est tout à fait, par certains états d'atmosphère, le paysage harmonieux, lumineusement voilé, le paysage français couleur de perle que Puvis de Chavanes, dans la fresque de Sainte-Geneviève, donne pour fond à ses beaux groupes de paysans gallo-romains.

Les maisons, chacune avec son jardinet, s'échelonnent de la rivière au coteau dans un amusant désordre d'étroites ruelles, d'escaliers, de passages bas, partout tapissés de nids d'hirondelles. Les hirondelles aiment Carrières et se font de commodes et chauds abris dans les mille trous des exploitations abandonnées auxquelles le village doit son nom. En plus d'un endroit, fort sagement, l'homme a imité les hirondelles. Au flanc du coteau de calcaire tendre, immémorialement fouillé par la poudre et l'outil, l'homme, lui aussi, a trouvé des habitations toutes prêtes. Un mur devant le creux d'un rocher, une porte vitrée dans le mur, et voilà une chambre bâtie. Rien de charmant comme le contraste du luxe paysan et propret de ces intérieurs aux meubles luisants, aux parois soigneusement tapissées, avec l'aspect rébarbatif du morceau de montagne dans lequel ils s'ouvrent. Le morceau de montagne est quelquefois passé au lait de chaux. Au milieu du tunnel tout noir joignant la cuisine à l'étable, un grand pan de voûte écroulé laisse voir un coin d'azur, des ronces qui pendent. Ailleurs, s'adossant à un bloc dont les assises naturelles ont l'air de

gigantesques pierres taillées, un petit perron
orné de pots de fleurs, sur lequel une vieille
femme coud, fait songer aux installations rustiques d'Italie dans les ruines d'un palais ou
d'un temple antique. Les carrières à ciel ouvert
se sont transformées en jardins : minuscules
vallons, étoites fentes bourrées de verdure,
où croissent follement, comme pour cacher
toute trace de travail humain, les fleurs sauvages et les mousses, les lierres, les cerisiers et
les lilas. Malheureusement, des portes en planches barrent ces paradis à leurs deux bouts. Les
propriétaires égoïstes prétendent être seuls à
en jouir. Je ne le leur reproche pas, j'en ferais
autant à leur place.

— Et les vendanges ?

— Que voulez-vous ! ayant perdu toute mon
après-midi à courir ainsi le village, je n'ai
songé aux vendanges que le lendemain. Une
grelottante vendange qui ne rappelle guère les
fumeuses cuvées bourguignonnes ni ces fêtes
païennes du Midi où, surchauffé, gonflé de sucre
et d'alcool, le raisin grise, et par la seule odeur
de sa grappe écrasée met garçons et filles en
danse. On arrive vers sept heures, un peu transi,
sur les charrettes. Le sol est mouillé, les pampres pleurent, les grains petits et durs semblent se serrer pour avoir moins froid. Brrr !...
Elle est médiocrement réjouissante cette vendange sans chansons avec le monotone va-et-
vient de l'homme à la hotte qui, seul debout et

seul visible, a l'air d'un fantôme dans le brouillard. Mais voici qu'aux environs de midi le soleil gagne sur la brume; le ciel devient bleu, le coteau s'éclaire; entre les rangs des vignes basses, que dominent de grands plants d'asperges, les vendangeuses, leur panier au bras, leur serpe à la main, se sont redressées. J'entends causer et j'entends rire. Le maître du clos me reconnaît: « Voisin !... (Je suis son voisin depuis hier) voisin, montez goûter à la vendange. » C'est bien un peu sur, mais qu'importe? Il y a du soleil là-dedans, juste ce qu'il faut pour faire pétiller le vin clairet au bord d'un humble verre et donner au buveur insoucieux des grands crus cette ivresse de cinq minutes vive, passagère et légère comme les furtifs rayons d'éclaircie qui reluisent si gais dans un joli ciel parisien !

LE GÉANT.

Il est des gens, dit Marius lequel ne ment point et n'eut jamais peur, il est des gens à qui rien n'arrive, des gens dont l'existence se déroule uniforme et plate sans plus d'accidents de terrain que n'en a la plaine Saint-Denis; il en est d'autres, au contraire, que les aventures semblent chercher... Et tenez, pas plus tard qu'hier, j'ai fait, entre Clamart et Meudon, la rencontre d'un géant, le soir, en plein bois... mais il est nécessaire, pour l'intérêt de mon récit, que je reprenne la chose d'un peu plus haut.

Donc, hier, chassé du boulevard par l'insupportable cohue des après-midi de jours gras, l'idée me vint, au lieu d'attendre le long d'un trottoir des masques qui ne passeront pas, d'aller voir hors Paris une plus gracieuse mascarade : celle de l'hiver qui essaye de se déguiser en printemps.

Trois heures ! c'est un peu tard. Mais, baste ! les jours allongent ; en prenant le tramway de Saint-Germain-des-Prés, on pourra toujours se trouver à Clamart sur les quatre heures, et de là gagner à travers bois, par le plateau et les étangs, le train qui, de Meudon, me ramènera chez moi pour dîner.

Le temps et la distance se trouvaient fort exactement calculés. Par malheur, à Saint-Germain-des-Prés le tramway de Clamart ne devait partir que dans un quart d'heure. Je ne résistai pas au désir de vérifier en passant où en sont les travaux du jardin récemment créé autour de la vieille église abbatiale.

Quand je revins, mon tramway était loin. De sorte que, ne voulant pas attendre un second quart d'heure, je me décidai à grimper sur le tramway de Vanves, dont le conducteur : *Ding, ding, ding !... dong, dong, dong !...* était précisément en train de faire sonner son compteur. La direction étant la même, je n'aurais, une fois à Vanves, qu'à continuer à pied un bout de chemin.

Ce retard et d'autres encore firent que je n'arrivai pas à l'entrée du bois avant cinq heures et demie.

Il est toujours ennuyeux de renoncer à un plaisir qu'on s'est promis ; et, bien que le cré-puscule tombât, je résolus, connaissant d'ailleurs le pays, de faire malgré tout ma promenade.

Rien n'est grand comme la paix des bois en cette saison. Plus un cri d'oiseau, plus un frisson d'ailes. Le bruit des pas s'éteint dans la mousse et les feuilles. Humide, amolli par la gelée, le bois mort lui-même ne craque pas. J'avais pris l'avenue en montée que bordent des chênes et des ormes. Tandis que, derrière moi, s'éloignaient peu à peu les voix du village, j'apercevais à travers les arbres des brasiers rouges avec des fumées, et, circulant autour, des ombres silencieuses ; c'étaient des fourneaux de charbonniers.

Sur le plateau, à la hauteur de l'anémomètre dont la maigre silhouette — un long poteau de fer surmonté d'un petit moulin qui va toujours et mesure le vent — prenait des aspects fantastiques, j'essayai de m'orienter. Un vol de corbeaux m'y aida : j'avais appris qu'à leur rentrée du soir, ces oiseaux réfléchis, aux habitudes régulières, s'en vont toujours du côté du soleil couchant.

Il faisait assez clair jusque-là. Mais quand, pour descendre vers les étangs, je me fus engagé dans le petit chemin creux, au sable sillonné de rigoles, que surplombe à droite et à gauche un taillis de chataigniers bas, je cessai tout à fait d'y voir. Le ciel, à vrai dire, restait lumineux : un ciel de demi-jour, gris perle et pâle, sur lequel se dessinaient nettement les branches dépouillées et leurs fines brindilles. Mais en bas, la nuit était complète. Je perdis le sentier, je le retrouvai ; sans être inquiet précisément je songeais à la possibilité de s'égarer ainsi, pour jusqu'au matin, dans ces bois.

Aussi est-ce avec une impression agréable en somme, qu'à un tournant je reconnus le vieux mur de la capsulerie, voisine de l'étang de Trivaux, où, vers 1869, Napoléon III, mystérieusement, fabriquait ses mitrailleuses. Ma route était maintenant toute tracée.

Enhardi et ragaillardi, je m'assis un instant au bas du talus sablonneux, entre les racines saillantes d'un gros chêne. Chut ! un bruit d'eau qui coule... Mais c'est la fontaine Sainte-Marie ! Et me voilà cherchant la fontaine à tâtons, descendant le perron de trois marches, car la source est au fond d'un trou, et puisant l'eau de mes mains jointes dans le bassin à demi comblé de feuilles mortes. C'est là que, il y a deux ans, pendant le rude hiver, on trouva le cadavre d'un pauvre homme tué par le froid.

Quand je me relevai, après avoir bu, secouant ma barbe, je crus entendre un cri, des pas, et vis fuir devant moi — oui ! je le vis distinctement dans la nuit et l'ombre — le géant en question, un géant d'au moins sept pieds. Sur le coup, sans être peureux, j'eus comme une envie de retourner. Mais le géant paraissait de mœurs débonnaires. Il se dirigeait du côté de Meudon ; je le suivis de loin en gardant mes distances.

A l'angle de la capsulerie, le chemin est double ; on peut choisir entre un raccourci et la grand'route qui longe l'étang, sur une chaussée.

Le géant avait pris le raccourci, je pris la grand'route. D'abord, l'étang, vu de nuit avec ses roseaux secs embrouillés par l'hiver et le reflet des arbres et des étoiles dans l'eau, faisait partie de mon programme ; et puis je ne voulais pas me donner l'air d'importuner le géant.

Quand je fus au bord de l'étang, le géant s'arrêta comme pour m'observer. Mon immobilité le rassura sans doute. Alors il se remit en marche, tranquillement sans se hâter. C'était bien un géant ! je le voyais qui filait tout noir sur le mur blanc éclairé d'une lueur vague. Dans l'air silencieux, malgré la distance, j'entendais le géant se parler à lui-même ; de temps en temps, avec une bouffée de brise, un bruit de grelots m'arrivait.

Un géant qui parle tout seul, un géant qui secoue des grelots !

J'eus une inspiration héroïque : Le géant marche doucement, si je pouvais, en pressant le pas, arriver avant lui au carrefour où le raccourci rejoint la grand'route ? Je ne le crains pas, puisqu'il a peur !

Aussitôt fait que dit : je presse le pas ; mais le géant presse le pas. Je trotte ; le géant trotte. Je cours ; le géant court !... Le géant va d'un train d'enfer, de plus en plus vite ; et ma curio-

sité redouble avec mon courage à mesure que
nous approchons d'endroits habités.

A l'angle de la rue des Vertugadins, où sont
les premières maisons du village, l'allumeur
allumait le premier bec de gaz.

Le géant s'arrête ; je me rapproche. Le géant
se baisse, et, phénomène étrange, se subdivise
en deux portions d'inégale grandeur.

« Ah ! monsieur, quelle frayeur vous nous
avez faite, dit une voix grave.

« Nous vous avions pris pour un voleur en
vous voyant sortir de dessous terre », reprend
aussitôt une voix d'enfant.

Mon géant était simplement un bon vieux
grand-père à barbe blanche qui traversait le
bois en compagnie de son petit-fils pour aller
à Meudon, chez des amis, fêter le carnaval et
manger des crêpes. Le petit, en costume de
galant postillon, avait des grelots sur toutes les
coutures, et, ne voulant pas salir ses belles
bottes à revers rouges dans les flaques et les
ornières, il se faisait porter à califourchon par
grand-père.

— C'est comme ça, conclut Marius, qu'avec
un peu de chance et d'imagination les aventures vous arrivent ; c'est comme ça qu'on rencontre des géants, la nuit, sous les futaies
sombres, même aux environs de Paris !

LES BALS DE CORPORATIONS.

— ... « Eh bien, dansez maintenant », disait la fourmi à la cigale avec une méprisante ironie. Il faut croire que depuis le bon Lafontaine nos fourmis parisiennes ont changé et qu'elles sont moins ennemies de la danse, car chaque hiver, aussitôt la bise venue, on n'entend plus parler que de bals de corporations.

Dimanche dernier, trois étaient annoncés : celui des comptables, au Grand-Hôtel ; celui des maréchaux, avenue de Wagram, et celui de la Société de prévoyance pour les dames et les demoiselles de magasin, à l'hôtel Continental.

Le bal des comptables me disait peu : médiocre calculateur, ayant toujours eu un saint effroi des chiffres alignés et du papier à colonnes, je n'aurais pas osé déshonorer de ma présence le bal des comptables.

Le bal des maréchaux m'attirait davantage ;
j'aime d'enfance ces rudes et bons compagnons
au tablier de cuir criblé par la brûlure des étincelles, et parfois, dans les rues du vieux Paris,
apercevant au fond des cours quelque boutique
noire éclairée des feux mobiles d'une forge, je
voudrais être comme autrefois quand, tout petits, nous fuyions l'école pour nous en aller au
« Portail du Coq », sous les mûriers de « la
Bourgade », toujours retentissante du bruit des
enclumes, toujours sentant la limaille et la
corne, admirer la boutique du maréchal-
ferrant, sa belle enseigne faite d'un saint Éloi
qu'encadrent d'innombrables fers à cheval en
panoplie, comment on entrave un mulet rétif
et par quelles merveilleuses transitions une
pièce forgée qui refroidit, passe du blanc
éblouissant au rouge, à l'orange et à la pourpre
sombre. Et puis les maréchaux avaient envoyé
des lettres d'invitation véritablement enga-
geantes : imprimées en or sur papier porcelaine,
avec les deux mains entrelacées, *la Foy* des
anciens blasons, comme emblème de fraternité
et, pour toute recommandation, cette phrase
qui pourrait servir de devise littéraire à la cor-
recte et sévère *Revue des Deux-Mondes :* « Une
mise décente est de rigueur, la fantaisie n'est
pas admise. »

Par malheur, l'avenue de Wagram finit par
me paraître une avenue bien lointaine ; sur
les minuit, pris de paresse, je me décidai pour

l'hôtel Continental et les dames et demoiselles du commerce.

Je n'eus pas lieu de regretter ma détermination. Dans cette enfilade de salles dignes d'un palais, sous ces lustres éblouissants et ces grands plafonds peints dont personne ne songeait à contempler les fresques, régnait une animation douce comme entre gens qui tous se connaissent et se reconnaissent, unis qu'ils sont par la franc-maçonnerie d'un métier commun. Appuyé aux cannelures d'une colonne, j'ai, demi-heure durant, savouré le plaisir rare de voir passer et repasser, au hasard des va-et-vient de la danse, toutes ces gracieuses jeunes femmes pour qui l'élégance est un devoir et que je n'avais jamais admirées que de loin, en passant : fines silhouettes parisiennes penchées par-dessus un comptoir, malicieux visages apparaissant pour une seconde au milieu des vives couleurs et des brimborions féminins d'une devanture. Je m'extasiais sur les toilettes, généralement d'un goût piquant, quelques-unes très riches ; on m'expliqua que, sans parler des grandes fortunes des patrons, toutes ces jeunesses coiffées de fleurs gagnent par leur travail des appointements plus qu'honorables, supérieurs même pour quelques-unes à ceux d'un préfet. Les jolis visages ne se comptaient pas, les vraies beautés étaient nombreuses, et, parmi tant de blanches épaules, l'écolier amoureux du *Lys dans la vallée* n'aurait su où poser

ses lèvres. Si bien que, songeant aux compa-
raisons jadis à la mode : aux ports de reine, aux
pieds de marquise, aux mains de duchesse, j'en
étais arrivé à les trouver insolentes et mal-
séantes et à conclure — puisse l'ombre de Balzac me pardonner un tel blasphème ! — que
cette aristocratie de formes tant vantée est
peut-être tout simplement le résultat d'une vie
point trop pénible, d'une santé librement épa-
nouie et d'habitudes d'élégance.

Mais c'est assez philosopher ! Au surplus, ce
bal me rappelle un autre bal où nous nous trouvâmes assister, un ami et moi, par suite de cir-
constances comiques. J'aurai suffisamment désigné cet ami en disant qu'il s'appelle Charles,
qu'il s'est laissé, à tort ou à raison, faire une
réputation de gastronome, et qu'il a écrit, en
prose spirituelle, luisante et nette, un certain
nombre de petits chefs-d'œuvre lesquels, après
que sera passé le flot des gros romans, se retrou-
veront à fleur de littérature, comme des pépites
d'or sur un sable bien lavé. C'était au Carnaval.
Nous rentrions nous coucher sans en avoir
pourtant ni l'un ni l'autre grande envie. —
« Le froid pique trop pour nous promener...
disait Charles ; d'un autre côté, ces restaurants
de nuit sont mortels... Ah ! s'il y avait bal
quelque part, on pourrait y passer une heure ! »
Tout à coup, se frappant le front : — « Sauvés !
nous sommes sauvés ! C'est aujourd'hui que les
pâtissiers donnent leur fête annuelle à Valen-

tino. — Mais nous n'avons pas de cartes. — Pour aller chez les pâtissiers ? Les pâtissiers me reconnaîtront ! » Nous montons en voiture et nous arrivons devant Valentino illuminé. Mon ami décline son nom ; on nous accueille avec la plus parfaite bonne grâce : une porte s'ouvre, des portières glissent, et nous voilà au milieu d'un bal costumé dont je garde encore, après douze ans, l'éblouissement dans les yeux. Jamais Venise en ses beaux jours ne vit pareille orgie d'étoffes : sur toutes les épaules, des satins brochés, des velours frappés, des brocards lourds et raides d'or. — « C'est singulier, soupirait Charles, je n'aurais pas cru les pâtissiers si riches. » Des commissaires en habit noir, la plupart décorés, circulaient dans la foule bariolée des costumes. — « Tu vois, disait Charles, l'Empire a du bon : il décore les pâtissiers. » Un de ces messieurs, encore plus décoré que les autres, voulut nous faire les honneurs du bal. Il parlait à Charles de sa littérature, en galant homme, très au courant des choses. Charles lui répondait par de délicates allusions au vol-au-vent, à la tarte aux pommes, faisant parade de sa science, essayant de prouver qu'il n'était pas précisément un profane dans ces grandes assises de la pâtisserie. Notre hôte, qui avait commencé par sourire, prenait peu à peu la figure de quelqu'un à qui l'on fait une mauvaise plaisanterie, qui est sur le point de se fâcher et se contient à force de politesse. Déjà

je tirais Charles par le pan de son habit, car
sans bien comprendre l'aventure, je sentais
qu'elle allait mal tourner. Mais subitement
Charles devient rouge, balbutie, et me montre
au-dessus de l'orchestre des musiciens une ban-
nière où brillaient ces mots : — *Bal des Tapis-
siers* — en lettres énormes.

Notre hôte, qui est un des plus grands fabricants du faubourg Saint-Antoine, rit de bon
cœur de la méprise. Il ne voulut d'ailleurs
accepter nos excuses qu'au buffet.

AU COIN DU FEU.

Voici le soleil revenu ; mais nous l'avons échappé belle : huit jours de ciel neigeux et de cinglante bise, véritable hiver en raccourci, faisaient craindre aux plus intrépides l'arrivée prématurée et définitive du froid.

Paris en a eu le frisson !

Des ramoneurs s'étaient montrés, ironiques et ragaillardis ; l'Auvergnat marchand de charbon riait de toutes ses dents blanches ; les tailleurs, qui, chaque matin, à l'heure des tailleurs, entre dix et onze, arpentent les carrefours et les rues, un paquet de lustrine sous le bras, combinaient en trottant des coupes savantes dans des draps extraordinairement épais et chers à proportion ; tandis que le passant s'arrêtait rêveur devant la porte des rôtisseries non pour s'aiguiser l'appétit au spectacle des vo-

lailles en broche, non pour respirer leur parfum
suave, non pour écouter la musique des jus
dorés tombant en cascade dans les lèchefrites
d'airain, mais simplement pour admirer ces
magnifiques feux de bois, — tout braise rouge,
cendre blanche et flamme claire, — qui, en
pleine ville, au tournant d'une boutique, viennent évoquer soudainement la vision des grandes
flambées campagnardes.

A la suite de quoi chacun des innombrables provinciaux dont l'agglomération compose ce qu'on
appelle les Parisiens était rentré chez lui en
disant : « Sapristi ! ça pique et ça pince ; il serait
temps peut-être de se donner un air de feu. »

Aux champs, le feu dure toute l'année. Une
seule cheminée pour la maison : c'est le dîner
des hommes, la pâtée des bêtes ; et, pas plus en
août qu'en janvier la pierre de l'âtre ne refroidit
guère. D'ailleurs, pourquoi épargner ? le hangar
regorge. A l'entrée de la cour un billot de chêne
n'attend que les coins et la cognée. On a des
branches, des sarments, les fagots de la vieille
haie, sans compter en maint pays l'effrayant
monceau de souches noires, victimes du phil-
loxera, cadavres des vignes arrachées qui brûlent, hélas ! si gaiement et dans les étincelles des-
quelles l'œil visionnaire et calculateur du paysan
croit voir s'envoler tant de bon vin et de richesse. « Approchez-vous ! Malheureusement
ce n'est pas le combustible qui manque ! »
Une rentrée par le brouillard, une promenade

dans les prés mouillés, tout devient prétexte à faire une *chaude*.

Ici au contraire, où, six mois durant, le foyer reste caché derrière des pots de fleurs, une toile peinte, un écran de laine frisée imitant la mousse, ici le premier feu ne s'allume pas sans un peu d'émotion et de cérémonie. On s'est enfermé à double tour, refusant les services de la cuisinière ; on a voulu disposer soi-même bûches et bûchettes ; et quand il s'agit d'allumer, c'est religieusement qu'on frotte l'allumette, avec la solennité des lointains ancêtres prenant sur l'autel le *pramantha* d'où va jaillir la flamme sacrée. Ce jour-là le charme intime du chez soi se dégage plus pénétrant : des lueurs courent, les murs s'égayent ; sous le reflet de l'abat-jour, la table chargée de papiers devient attirante ; et l'on rêve alors pour l'hiver, dans cette atmosphère tiède, apaisée, lointainement familiale, on rêve, c'est toujours cela ! quelque grand travail bien long, bien tranquille... que les tracas de la vie à Paris empêcheront d'exécuter.

Les gens trop riches ignorent ces joies, eux qui, chauffés de calorifères invisibles, considèrent le feu comme un objet de luxe, un élément décoratif bon tout au plus à motiver et à justifier l'existence des cheminées que les architectes, par routine, s'obstinent à mettre dans les salons ; et ce n'est pas à un millionnaire que serait arrivée l'aventure dont le souvenir m'est revenu l'autre soir, en taquinant les tisons.

Je possédais une fois (il y a longtemps de cela,
et les concierges détestaient moins les bêtes
qu'aujourd'hui) donc, une fois je possédais un
petit chien et une tortue. Amis pendant la belle
saison et faisant volontiers ménage ensemble,
ils se brouillaient régulièrement tous les hivers
pour la bonne place au coin du feu. La tortue
poussait, le chien grognait : c'était une bataille
continuelle. Une année, les choses allèrent si
loin et la tortue avec le petit chien bataillèrent
tant autour des chenets, qu'on en oublia leurs
noms véritables. Elle fut rebaptisée *Cendrillon*
à cause de son amour pour les cendres; lui,
désormais s'appela *le Guèbre* parce qu'il adorait
le feu. Puis l'hiver finit, l'été se passa ; et de
nouveau l'hiver revint. Craignant d'être surpris
par les frimas, j'avais, dès la première gelée
blanche, tout préparé dans la cheminée. Il ne
restait qu'à y mettre l'allumette. Un jour de
froid vif, je me décidai. Assis et comprenant
sans doute l'importance de l'opération, le Guèbre me regardait faire. Cendrillon, disparue
depuis une semaine, devait sommeiller dans
quelque coin, à son ordinaire ; je ne m'inquié-
tais pas de Cendrillon. Aussitôt que le feu brilla,
le Guèbre ayant constaté avec une évidente satis-
faction l'absence de son ennemie, s'étendit tout
du long, immobile, les yeux mi-clos, le museau
posant sur les pattes, dans une attitude toute
orientale d'extase et de prosternation. Pétillan-
tes, enveloppées, déjà les bûches étaient d'un

beau rouge, quand soudain, le Guèbre se redressa. Il aboyait, se précipitant contre la
flamme comme pour la mordre. Au même instant, phénomène étrange, il me sembla qu'un
soulèvement volcanique dérangeait l'ordonnance de mon foyer. Doucement, lentement, la
couche de cendre s'entrouvre ; une masse noire
qui paraît vivre, émerge au milieu des tisons
croulants et des braises incandescentes, puis
culbute par-dessus la grille et vient rouler jusqu'à mes pieds.

C'était Cendrillon qui, toujours en quête d'un
endroit tranquille pour dormir, avait cru bien
faire de se fourrer dans le menu bois, se préparant ainsi sans le vouloir la fin déplorable-
ment tragique d'Hercule, de Sardanapale et du
philosophe Peregrinus. Elle répandait une
odeur de soulier brûlé. Des charbons incrustés
dans son écaille brillaient comme des escarbou-
cles. Je pris cette boule fumante, je la pris avec
des pincettes et la plongeai au fond d'un seau
d'eau. L'eau frissonna, et quand je remis la
boule sur le tapis, la boule fumait encore. Vous
croyez peut-être Cendrillon morte ? Pas du tout !
elle n'était qu'un peu étonnée. Le premier
moment d'émotion passé, elle sortit une patte,
deux pattes, puis les quatre pattes, puis la tête,
et, trouvant sans doute l'air un peu froid, elle
revint se remettre auprès du feu. Sur un fau-
teuil où il s'était réfugié, le Guèbre grondait
sourdement.

Mais désormais le Guèbre était vaincu : il garda toujours de cette apparition surnaturelle une impression mêlée de terreur et de respect et jamais plus — malgré un hiver long et dur — il n'essaya de disputer la bonne place à l'animal impassible et silencieux qu'il avait vu se promener dans les flammes.

LA PREMIÈRE NEIGE.

L'autre jour, j'éprouvai une grande joie, une
de ces joies que le ciel réserve aux mortels
vertueux qui ouvrent parfois leur fenêtre vers
les sept heures du matin. En m'éveillant, parole d'honneur ! je trouvai la neige... très peu,
par exemple, autant que de sucre sur une pra-
line, mais assez pour éclairer l'horizon, souli-
gner les corniches des toits et les gouttières,
donner aux bûches empilées du chantier de
bois mon voisin comme un air de village russe,
et pour égayer d'un point d'argent les feuilles
recroquevillées du vieux rosier, dans le petit
jardin brûlé par le froid où des chrysanthèmes
se meurent.

C'était donc l'hiver, l'hiver véritable, avec ses
franches gelées et ses bises cinglantes et cou-
pantes, l'hiver des ciels légers et des plaines

blanches, la bonne saison des pelotonnements égoïstes et des plaisirs savourés tout seul, qui, pour le passant trottant dans la rue, évoque des rêves de bonheur derrière toute vitre allumée, et qui, après une course de deux heures à travers champs, fait trouver, en rentrant, le chez soi plus chaud et la flamme du foyer plus vive.

Quels criminels que ces poètes : toujours à chanter le printemps, et toujours à chanter les roses ! Le printemps a du bon, sans doute, et l'été aussi. Mais franchement, le cœur sur la main, après cette longue orgie de fleurs, de parfums et de verdure, n'y a-t-il pas quelque douceur à voir les feuilles pourpres et jaunes, couleur d'or et couleur de flamme, se détacher au vent d'automne, laissant les arbres dépouillés fin comme dentelle sur l'azur, et s'amassant en couches épaisses, dans les sentiers, dans les allées, pour préparer un tapis moelleux aux promenades solitaires.

Quand, par-dessus le marché, la neige s'en mêle, c'est exquis !

Aux jolis mois, tout distrayait : le bec d'un pic-vert, un froufrou d'ailes, le glissement furtif d'une couleuvre sous l'herbe sèche, ou la sape vaguement perçue d'une taupe ou d'un hérisson. Sans compter les oiseaux qui chantent et mille bestioles qui s'égosillent ! A présent, dans le jour plus vif où flotte un reflet de blancheur, le bois est muet et recueilli. Du givre sur les branches et la neige à perte de vue, avec des ronds noirs aux pieds des arbres où apparaît la mousse humide. Des ronces, des brindilles que le froid décore jettent en travers du chemin creux des girandoles de cristal. Et pas de bruit, sinon la neige criant sous le pied, un bout de bois gelé qui casse, le coassement lointain d'un corbeau, le cui-cui plaintif d'un rouge-gorge cherchant des baies dans un prunelier ; puis, subitement, de grands silences, même sur l'étang si bruyant l'été, où, parmi les joncs cassés, les iris flétris qu'une lame de glace emprisonne, se tient coi le chœur des grenouilles. Vous entrez dans les champs, un paysan passe : — « Beau temps pour la récolte ! Ce demi-pied de neige, monsieur, vaut à la terre une jonchée de fumier. » Et sur le revers des sillons, la neige où pointent des pousses vertes reflète le bleu du ciel et prend au soleil une fine teinte de turquoise.

La ville, elle aussi, se fait belle ; et l'on peut aimer le Paris d'hiver quand, du milieu du pont des Arts, par un matin clair, après une nuit de neige, on voit luire aux premiers rayons la pointe de la Cité, ses toits, ses flèches et ses dômes. Tout est blanc : les rues et les quais, même la Seine qui charrie, et dont les glaçons éblouissants s'attardent autour des bateaux amarrés, puis vont tourner et se briser dans le remous des piles.

Un tel spectacle vaut son prix, mais il faut savoir l'acheter. Seuls, les matineux en jouis-

sent. Avant une heure, omnibus et fiacres auront mis ces blancheurs en jaune bouillie. La
neige sera balayée, emportée à pleins tombereaux ou poussée aux bouches d'égoût; et, le
soleil aidant, toute cette merveilleuse décoration aura disparu comme un simple tableau de
féerie. Le passant vulgaire se plaindra, jurant
contre le froid, pestant contre la boue; tandis
que le flâneur avisé qui sait raisonner sa flânerie sera déjà rentré chez lui, heureux d'avoir
cueilli la journée en sa fleur, ragaillardi par
la promenade, les pieds sur les chenets, lisant
un livre préféré au bon chapitre, non sans avoir
eu le soin de soulever un coin du rideau pour
admirer encore les franges de glace que l'alternative du dégel et de la gelée va suspendre au
rebord des toits, et pour suivre les jeux des
moineaux qui, plus sages en cela que bien des
hommes, prennent le temps comme il vient, la
saison comme elle est, et, tournant en rond, les
ailes frémissantes, s'aspergent joyeusement de
poussière de neige.

Car l'homme vraiment sensible est pareil aux
moineaux, la neige l'égaie. Peut-être n'y a-t-il
là qu'un inconscient retour à l'enfance : le souvenir de certains réveils dans une lumière
extraordinairement blanche; de la première
neige aperçue, du fond d'un lit bien chaud, à
travers les vitres, pendant que l'horloge enrhumée, sonnant l'heure d'une voix grave, parle
petite guerre et glissades; de bruyantes ren

trées en classe, les mains gourdes et le sang
aux joues ; et aussi des joies familiales de l'hiver, du jour de l'an, de la Noël, des porcs
égorgés, des oies rôties, des longs soupers, des
grandes tables, des bouteilles de clairet qui
mousse, et des longues grappes froides et
glacées, choisies pour le dessert, sur la paille
du fruitier.

Plus tard, ce sont d'autres plaisirs qu'annonce
la première neige : les bals, les soirées, les
spectacles, l'orgueil de la bottine craquante
avec la gêne du frac neuf...

Et j'en étais là de mes rêveries quand je m'a-
perçus qu'entre temps ma chère neige était
partie. Une pluie fine et froide tombait. Les
toits, le chantier, le jardin, tout redevenait
noir. Alors je refermai la fenêtre, un peu déçu,
mais consolé à cette idée que la vraie neige,
la neige à flocons, épaisse et tenace, finirait
par se montrer ; et je remerciai le bonhomme
Hiver d'avoir bien voulu choisir le jour où je
m'étais levé matin — relativement ! — pour me
glisser sa blanche carte de visite.

UN JOUR DE DÉBACLE.

En bon habitant de Paris qui désire mériter le nom de Parisien, je suis allé samedi, le long des quais, assister à la débâcle.

Du grandiose sans effroi ! Un fleuve de glace roulant sous le clair soleil d'Ile-de-France, aux yeux d'une foule plus curieuse que terrifiée. La foule savait les mesures bien prises et que le fléau ne ferait pas de victimes. D'ailleurs, parmi les épaves emportées, rien qui eût vécu, aucun cadavre, ni d'homme, ni même de bétail. « Les pauvres gens du bord de l'eau seront ruinés... — Nous ferons pour eux comme pour Murcie ! — Des ponts vont partir... — Croyez-vous ?... » et, parmi les cent mille personnes pressées aux parapets, pas une qui, vaguement, ne désirât voir partir un pont. Avec de l'argent, un pont se rebâtit, et, comme le proverbe le dit si bien : perte d'argent n'est pas mort d'homme.

On causait beaucoup, de groupe à groupe ; et là, comme dans toute agglomération humaine, la gloire avait déjà touché de son doigt quelques fronts prédestinés. Un vieux Monsieur contait, rayonnant, qu'il se trouvait en personne sur les lieux, quand, au milieu d'un bruit de tonnerre et d'une trombe de poussière d'eau, s'était écroulée l'arche du pont des Invalides. Un autre venait de Bercy, où il avait essayé, sans pouvoir tenir pied, de suivre du bord un glaçon à la course. Moi-même j'obtins quelque succès en disant que le matin, perché sur l'omnibus, j'avais vu un bateau à vapeur, un vrai, avec la cheminée et les roues, passer en tournoyant sous le pont Neuf. J'oubliai, par exemple, d'ajouter que c'était un bateau joujou, pas plus grand que la main, moins un bateau qu'une périssoire à vapeur comme en ont certains canotiers affolés d'américanisme. Un brave garçon me navra : il avait projeté de se déguiser en ours blanc et de descendre ainsi la Seine gelée, de Charenton au Point-du-Jour, devant les populations stupéfaites. Le précoce dégel fondait ce beau rêve !

Cependant entre les murs des quais, sous les ponts, d'un mouvement solennellement continu, filait toujours l'épaisse pâtée, irrésistible et d'aspect lent, comme une gigantesque coulée de lave. Des arbres empêtrés passaient, tout noirs dans cette masse blanche, et puis des tonneaux, des planches, des poutres, le toit bitumé d'un lavoir, le garde-fou d'une passerelle, parfois des meubles, et, entre autres, une armoire à glace dont la présence au beau milieu de l'eau glacée provoqua un grand nombre de trop faciles calembours.

Les calembours dureraient encore si un drame terrible se passant en plein courant, et dont (soit dit entre parenthèses) les journaux n'ont pas parlé, n'était venu détourner l'attention publique. Qu'on ne se hâte pas de frémir : c'est simplement d'une futaille et d'un gros glaçon qu'il s'agit! Ils s'en venaient tranquillement de Bercy, l'un portant l'autre : le glaçon immense et carré, mat par-dessus, et pareil, grâce à la cassure luisante de ses bords, à quelque table de cristal fondue pour les dieux par des verriers cyclopes qui auraient l'Etna pour leur Saint-Gobain ; la futaille ronde et lourde et d'aspect débonnaire comme sont en général les futailles. Tout alla bien jusqu'au pont des Arts sur l'une des piles duquel le glaçon vint stupidement se heurter. Le pont en fer frémit dans son armature, et le glaçon têtu qui comptait passer d'un bond par-dessus le pont, se dressa le long de la pile, horrible, agité, ruisselant, comme on voit, dans certaines gravures de voyage au pôle, un morse cramponné aux plats-bords d'un bateau sortir de l'eau entre des débris de banquise. Etonnée, la futaille roula ; mais repoussée par le courant, soulevée par d'autres glaçons moindres qui s'amoncèlent, prise à son tour peut-être du même désir de franchir le pont, elle se hissa et monta le long du grand glaçon maintenant debout. Le glaçon retomba, noyant la futaille sous sa masse. Après moins d'une seconde, la futaille reparaît : elle est vivante, elle bondit ; dans une écume de neige et eau, elle semble vouloir se coller à la pile. Au tour du glaçon de passer sur elle, et puis au tour de la futaille ! Ce n'est plus un glaçon, ce n'est plus une futaille ; ce sont deux monstres, l'un blanc, l'autre noir, héros d'une naumachie improvisée, et que, du haut des parapets, tout un peuple frémissant applaudit. La victoire devait rester au glaçon. Dans un dernier bond furieux, la futaille éperdue se brise ; son flanc s'ouvre, un flot de vin coule, — car elle était pleine, ô Bacchus ! — et le glaçon qui tourne sous l'arche, reprend son chemin vers la mer, portant sur la neige de son dos une large tache ensanglantée.

A quelques pas de là nous attendait un autre spectacle, à la fois parisien et bucolique celui-là. Sur les grands arbres du bord de l'eau enserrés jusqu'à mi-hauteur du tronc dans la glace, d'innombrables moineaux pépiaient. Et quand passaient certains glaçons noirs, banquises détachées des quais et faites de la neige des rues, ils tombaient dessus d'un seul vol, le bec ouvert, avec des cris. Mis en appétit par le long jeûne des jours de neige, mis en gaieté

par l'apparition, printanière malgré l'hiver,
d'un vif et court rayon, ils suivaient ainsi le
courant, ne daignant partir que lorsque le glaçon se brisait.

Et, comme toute flânerie finit par tourner en
réflexions philosophiques, je crus voir là le
symbole de ce joyeux et laborieux peuple de
Lutèce qui, après l'hiver, après la guerre, sans
même attendre que la débâcle soit finie, se remet
tout de suite à chercher sa vie en chantant.

FIN.

TABLE

Tours, imp. Mazereau.